UM CONVITE À EDUCAÇÃO
MATEMÁTICA CRÍTICA

COLEÇÃO
PERSPECTIVAS EM EDUCAÇÃO MATEMÁTICA

A matemática está presente em todos os níveis da educação escolar, tem grande importância em várias outras áreas do conhecimento, como instrumento, e faz parte do nosso cotidiano na forma de noções como porcentagens, estatísticas, juros etc.

Portanto, ampliar e consolidar um espaço para discussão de temas de interesse para a educação matemática é uma ação fundamental, sobretudo no que se refere a estreitar os laços entre a sala de aula, o desenvolvimento e a pesquisa.

A Sociedade Brasileira de Educação Matemática (Sbem), fundada em 1988, persegue tal meta, e esta série é um passo natural nesse percurso: avançamos aqui em colaboração com a Papirus. O que se pretende é oferecer um conjunto de obras nas quais os processos da educação matemática sejam examinados e discutidos com amplitude ou, em outras palavras, oferecer textos que, abordando seus temas de maneira profunda, mantenham o compromisso com a necessidade de articulação das três áreas de atuação já mencionadas.

Alcançar o objetivo de favorecer um debate comum a toda a comunidade é o que moverá e guiará a existência desta série.

Sociedade Brasileira de Educação Matemática

OLE SKOVSMOSE

Tradução
Orlando de Andrade Figueiredo

UM CONVITE À EDUCAÇÃO MATEMÁTICA CRÍTICA

PAPIRUS EDITORA

Capa	Fernando Cornacchia
Coordenação	Ana Carolina Freitas
Copidesque	Daniele Débora de Souza
Diagramação	DPG Editora
Revisão	Cristiane Rufeisen Scanavini, Edimara Lisboa e Isabel Petronilha Costa

Dados Internacionais de Catalogação na Publicação (CIP)
(Câmara Brasileira do Livro, SP, Brasil)

Skovsmose, Ole
  Um convite à educação matemática crítica/Ole Skovsmose; tradução de Orlando de Andrade Figueiredo. – Campinas, SP: Papirus, 2014. – (Perspectivas em Educação Matemática)

Bibliografia.
ISBN 978-85-308-1147-1

1. Democracia 2. Matemática – Estudo e ensino 3. Pedagogia crítica. 4. Professores – Formação. I. Título. II. Série.

14-08050   CDD-510.7

Índice para catálogo sistemático:
1. Educação matemática crítica   510.7

1ª Edição – 2014
6ª Reimpressão – 2024
Tiragem: 120 exs.

Proibida a reprodução total ou parcial da obra de acordo com a lei 9.610/98.
Editora afiliada à Associação Brasileira dos Direitos Reprográficos (ABDR).

A grafia deste livro está atualizada segundo o Acordo Ortográfico da Língua Portuguesa adotado no Brasil a partir de 2009.

DIREITOS RESERVADOS PARA A LÍNGUA PORTUGUESA:
© M.R. Cornacchia Editora Ltda. – Papirus Editora
R. Barata Ribeiro, 79, sala 316 – CEP 13023-030 – Vila Itapura
Fone: (19) 3790-1300 – Campinas – São Paulo – Brasil
E-mail: editora@papirus.com.br – www.papirus.com.br

AGRADECIMENTOS

Muitas pessoas me ajudaram a escrever este livro. Agradeço a Peter Gates e Aldo Parra por suas sugestões significativas e a Denival Biotto Filho, Guilherme Gomes, Renato Marcone e Raquel Milani pelas discussões instigantes. À Sense Publishers por autorizar a publicação de uma versão em português de *An invitation to critical mathematics education* e a Orlando de Andrade Figueiredo por realizar esta criteriosa tradução. Ao Department of Learning and Philosophy da Universidade de Aalborg pelo apoio financeiro para a finalização deste projeto. E a Miriam Godoy Penteado, minha esposa, por todo apoio.

Rio Claro, junho de 2014
Ole Skovsmose

SUMÁRIO

INTRODUÇÃO: PREOCUPAÇÕES 9

1. A EDUCAÇÃO MATEMÁTICA É INDEFINIDA 13
   A educação matemática despotencializa os alunos 15
   A educação matemática potencializa os alunos 19
   Indefinição 23

2. DIVERSIDADE DE CONDIÇÕES 27
   Tendenciosidade na pesquisa em educação matemática? 28
   Contrastes à sombra da globalização e da guetização 30

3. *FOREGROUNDS* DOS ESTUDANTES 33
   Foreground 34
   Intencionalidade e aprendizagem 37
   Sentido na educação matemática 40

4. CENÁRIOS PARA INVESTIGAÇÃO 45
   Adentrando o terreno de um cenário para investigação 46
   Milieus *de aprendizagem* 54

Folheando um jornal 57
Movendo-se entre diferentes milieus *de aprendizagem* 60
Zonas de risco e possibilidades 63

INTERMEZZO:
A CONCEPÇÃO MODERNA DE MATEMÁTICA 65
Matemática e ciência natural 66
Matemática e tecnologia 68
Matemática como uma disciplina pura 70
Educação matemática moderna 74

5. UMA CONCEPÇÃO CRÍTICA DE MATEMÁTICA 77
Matemática, discurso e poder 79
Dimensões da matemática em ação 81
Maravilhas, horrores e reflexões 88

6. REFLEXÃO 91
Reflexões sobre a matemática 93
Reflexões com matemática 96
Reflexões por intermédio de investigações matemáticas 98

7. *MATEMACIA* EM UM MUNDO
GLOBALIZADO E GUETIZADO 103
Educação matemática em escala mundial 104
Práticas dos marginalizados 107
Práticas de consumo 110
Práticas de operação 111
Práticas de construção 112

8. INCERTEZAS 115

REFERÊNCIAS BIBLIOGRÁFICAS 121

ÍNDICE ONOMÁSTICO 133

ÍNDICE REMISSIVO 137

INTRODUÇÃO

PREOCUPAÇÕES

Existe diferença entre um *fenômeno* e um *discurso sobre o fenômeno*? Em boa parte das vezes, não. O discurso constitui o fenômeno e passa a fazer parte dele. Diferentes línguas não apenas proporcionam diferentes visões de mundo, mas criam mundos diferentes também.

Essa compreensão, porém, quando levada ao extremo, pode recair num relativismo radical. Segundo tal concepção, realidade e linguagem se confundem e nem mesmo faz sentido estabelecer uma distinção entre elas. A mim, não me interessa ecoar tais radicalismos, mas, sim, abordá-los criticamente. Não seria razoável pensar em *realidade* e *discurso sobre realidade* como fenômenos em constante interação, sem que isso significasse que eles são a mesma coisa? Ou será que só nos resta, no final, uma categoria absoluta: a unidade discurso-realidade?

Vejo falhas em tais relativismos. Por exemplo: segundo estatísticas, a condição de vida das pessoas, incluindo a expectativa de vida, varia de acordo com o grupo social a que pertencem. Não se muda tal situação com uma simples mudança de discurso. Não se consegue resolver o problema da pobreza e seus efeitos dessa forma. Transformações reais são necessárias.

Por outro lado, o discurso influencia, isso sim, as nossas *preocupações*. À medida que empregamos o discurso para expressar preocupações, podemos, por meio de mudanças de discurso, realizar modificações nelas. Por exemplo, a forma pela qual se entende a pobreza depende do discurso que se emprega para falar sobre ela. Há quem considere a pobreza como fruto de uma educação deficiente, que, por sua vez, decorre da falta de disposição do educando. A pobreza seria, assim, uma condição autoinfligida. Outros, por sua vez, adotam o discurso de que a pobreza é fruto da exploração econômica. Realizar mudanças de discurso, todavia, não é tão simples quanto possa parecer, visto que discursos estão profundamente arraigados nas tradições, na cultura, nas ideologias, nos sistemas políticos, nas prioridades das pessoas. Mudar discursos é mudar mundos-vida, senão os próprios mundos.

Quando o tema é educação, grande é a variedade de discursos. Na sala dos professores, por exemplo, o assunto são os alunos problemáticos. Na direção da escola, as atenções voltam-se para questões administrativas e organizacionais. Na esfera política, todos reconhecem a importância da escola para o sistema produtivo e falam dos números de ingressantes e concluintes no sistema educacional. Teorias e mais teorias surgem sobre questões tão complexas quanto aprendizagem, ensino, sentido, avaliação etc. O relativismo radical diz que *educação* e *discursos sobre educação* se confundem, e que não existe uma realidade educacional como tal. Eu prefiro, contudo, considerá-los como coisas distintas, mas que se misturam, que mantêm uma relação de interação. Não compartilho da visão relativista de que a educação seja condicionada pelo discurso.

Sem dúvida, existem muitas maneiras de expressar preocupações, e eu vou aqui apresentar conceitos mediante os quais busco expressar certas preocupações a respeito da educação matemática. É por meio da formulação de tais preocupações que pretendo elucidar a educação matemática crítica.[1]

Da maneira como eu concebo a educação matemática crítica, ela não se reduz a uma subárea da educação matemática; assim como ela não se ocupa de metodologias e técnicas pedagógicas ou conteúdos programáticos. A educação matemática crítica é a expressão de preocupações a respeito da educação matemática. Preocupações que podem ser expressas mediante o emprego de alguns poucos termos que pretendo apresentar. A frágil rede que esses conceitos formam não chega a constituir uma doutrina sólida e estabelecida da educação matemática crítica. Seria um exagero pensar assim. Ainda que essa rede seja rudimentar e frágil, as preocupações mostram-se abrangentes e profundas.

Considero que a educação matemática é *indefinida*. Sem essência. Ela pode acontecer dos modos mais variados, e atender aos mais diversos propósitos nos campos social, político e econômico.

Recorro à noção de *condição* para ressaltar o papel do contexto social, político, cultural e econômico no ensino e na aprendizagem. No mundo da globalização e dos guetos, há uma enorme diversidade de lugares e oportunidades para ensinar e aprender matemática, que devemos entender.

Por meio da noção de *foreground dos estudantes*, pretendo discutir como os alunos podem vivenciar possibilidades, o que remete a conceitos como intencionalidade e sentido. A construção de sentido realizada pelos alunos depende da maneira como eles relacionam suas atividades escolares com seus *foregrounds* e suas condições de vida.

---

1. Um panorama diversificado das questões sobre educação matemática crítica pode ser encontrado em Alrø, Ravn e Valero (orgs.) (2010); Appelbaum e Allan (2008); Ernest, Greer e Sriraman (orgs.) (2009); Greer, Mukhopadhyay, Powel e Nelson-Barber (orgs.) (2009); Mora (org.) 2005; e Sriraman (org.) (2008). Ver em Skovsmose (2010) uma discussão sobre a educação matemática crítica em termos de preocupações.

Com os *cenários para investigação*, busco explorar possibilidades no contexto educacional, especialmente aquelas que fogem da prática estabelecida. Isso nos leva a discutir temas como pesquisa, zona de conforto e zona de risco, que abrem espaços de possibilidades.

Uma *concepção crítica da matemática* é apresentada com base na ideia de matemática em ação e nas consequências do emprego da matemática na sociedade moderna, seja nas questões econômicas, administrativas, seja na tecnologia e todos os tipos de atividades humanas. A matemática em ação contribui significativamente para conformar nosso mundo-vida.

Toda forma de ação exige *reflexão*, o que vale também para a matemática em ação. Isso demonstra uma concepção ampliada de reflexão, e leva-nos a fazer considerações sobre noções como *matemacia* e diálogo.

Matemacia pode ser interpretada de maneiras diferentes, e eu pessoalmente gosto de enfatizar a interpretação que destaca o aspecto da responsabilidade social. Isso possibilita formular algumas das aspirações da educação matemática crítica, inclusive uma possível concepção de educação matemática para a cidadania.

Fazer uso de grandes abstrações como *responsabilidade social* exige muito cuidado. Os assuntos que envolvem a educação matemática crítica não podem ser apresentados com base em arcabouços de ideias ou prioridades previamente estabelecidos. Penso, ao contrário, que qualquer atividade crítica carrega inevitavelmente um grau elevado de incerteza. Isso precisa ser reconhecido como parte da formulação de preocupações da educação matemática crítica.

Que preocupações, afinal, podem ser formuladas com base na frágil rede constituída pelos seguintes conceitos: indefinição, condição, *foreground* dos estudantes, cenários para investigação, concepção crítica da matemática, reflexão e *matemacia*? Não tenho uma lista pronta em mente, mas, ao longo das páginas deste livro, pretendo apresentar algumas preocupações, intercaladas com incertezas.

1
A EDUCAÇÃO MATEMÁTICA É INDEFINIDA

A fim de esclarecer possíveis sentidos para a frase "a educação matemática é indefinida", primeiramente apresento uma ligeira discussão sobre os termos *matemática, educação matemática* e *indefinição*.[1]

Entendo a *matemática* como um conceito aberto, uma vez que, para ela, existem muitos sentidos. Em *Investigações filosóficas*, Ludwig Wittgenstein aborda a diversidade de jogos de linguagem, ideia que bem se aplica ao caso em questão. Como campo de pesquisa, a matemática está repleta de problemas abertos e conceitos novos ainda em formação; na educação, a matemática possui um corpo de conhecimento estabelecido e consolidado, com divisões estanques e sequências fixas de apresentação. A matemática pode, contudo, se ocupar de conhecimentos e compreensões que não se encaixam nas estruturas institucionalizadas

---

1. Uma versão preliminar deste capítulo foi apresentada no XXXII Encontro da Associação de Pós-graduação e Pesquisa em Educação (Anped), Caxambu, Minas Gerais, de 4 a 7 de outubro de 2009.

por currículos e programas de pesquisa. Nesse sentido, seria possível colocar em evidência a matemática presente no dia a dia de muitas profissões. Ela é parte integrante da tecnologia, do *design* e das tomadas de decisão, está nas tabelas, nos diagramas e nos gráficos. Basta folhear um jornal para encontrar muita matemática.

No espírito da metáfora dos jogos de linguagem, essa diversidade de manifestações da matemática não precisaria se adequar a uma *matemática genuína* subjacente; de modo contrário, concepções bem distintas de matemática poderiam coexistir simplesmente. Talvez tudo não passe de um caso em que uma mesma palavra ou expressão linguística esteja sendo empregada com sentidos e usos diferentes. Melhor seria, então, abandonar toda expectativa de se estabelecer uma explanação definitiva da matemática. Tentativas sérias como o logicismo, que descreve a matemática como um conjunto de tautologias, e o formalismo, segundo o qual a matemática seria um jogo formal com regras explícitas, só para ficar em dois exemplos, parecem sugerir que a matemática *não* possui características absolutas. Vou tentar manter essas considerações em mente sempre que tratar da matemática. Reconheço que isso me coloca em uma situação incômoda, visto que já usei a palavra *matemática* várias vezes e vou continuar usando. Não pretendo mudar.

De forma bem parecida, o termo *educação matemática* tem muitos empregos, designando atividades distintas. Pensemos sobre o ensino e a aprendizagem e os diversos contextos em que eles acontecem. Há a educação matemática das escolas, em que o ensino fica a cargo dos professores e a aprendizagem fica a cargo dos alunos. E há a educação matemática fora da escola. Ensina-se e aprende-se matemática no trabalho e em muitas atividades diárias: no comércio, nos bancos, no noticiário etc. Quero ter sempre em mente essas situações.

E, por fim, resta o sentido de *indefinição*. O que vem a ser isso? Um processo social indefinido seria aquele cujos resultados são imprevisíveis. É uma situação aberta. Há um paralelo entre o emprego da palavra *indefinido* aqui e o emprego da palavra *crítico* em medicina. Alguém pode informar que o estado de um paciente é crítico. Isso significa que sua situação é instável e pode piorar a qualquer momento;

podem acontecer, na verdade, reviravoltas em todas as direções – faz uma enorme diferença para que lado a situação vai virar. Em geral, considero que algo é indefinido se sua evolução se mostra de formas muito diferentes, dependendo de fatores muitas vezes impossíveis de se compreender. O desencadeamento do processo está fora de controle e segue caminhos aleatórios.

Isso nos leva a uma releitura do título deste capítulo "indefinição na educação matemática": a educação matemática – em sentido abrangente – pode ser praticada nas mais variadas modalidades, o que pode fazer a diferença, para o bem ou para o mal.

❏ *A educação matemática despotencializa* os alunos*

Na literatura, encontram-se vários exemplos de situações repugnantes na educação matemática, quase sempre protagonizadas por professores que, por exemplo, tiranizam os alunos e desdenham de quem não percebe a elegância de uma demonstração.

Costuma haver, em muitas situações relativas à educação matemática, certa ingenuidade, e cegueira até, a respeito dos aspectos sociopolíticos envolvidos. No filme *A vida é bela*, de Roberto Benigni, há uma cena que ilustra grotescamente esse quadro. A parte inicial do filme, mais divertida, se passa numa cidade pequena do interior da Itália antes da Segunda Guerra Mundial. Fazia parte da ideologia fascista uma relativa admiração pelo nazismo alemão. Numa cena breve, uma professora italiana, que havia vivido na Alemanha, mostrava-se impressionada pelo fato de os alunos alemães serem capazes de responder problemas como este:

> Cuidar de um louco custa ao Estado 4 marcos por dia. Cuidar de um aleijado, 4,5 marcos. De um epiléptico, 3,5 marcos. A

---

* Os termos "potencialização" e "despotencialização" foram adotados como traduções próximas de *empowerment* e *disempowerment*. (N.T.)

média é de 4 marcos por dia, e o número de pacientes é de 300.000. Quanto seria economizado caso esses indivíduos fossem eliminados?

A professora italiana não conseguia acreditar que crianças de sete anos conseguissem resolver problemas como esse, afinal ele envolve muitas contas. Eles precisariam ter visto álgebra. Um homem que escutava a professora chamou a atenção para o fato de que o problema poderia ser resolvido com apenas uma multiplicação (ele aparentemente considerou que o número de loucos, aleijados e epilépticos fosse o mesmo): "300.000 vezes quatro. Matando-os a todos gera uma economia de 1.200.000 por dia, certo?". A professora concordou, mas a questão para ela era o fato de que as crianças de sete anos na Alemanha conseguiam resolver o problema, enquanto, na Itália, não.

Exercícios desempenham um papel crucial no *ensino de matemática tradicional*. Ao longo de todo o período em que frequentam a escola, as crianças, em sua maioria, respondem a mais de 10 mil exercícios. Contudo, essa prática não ajuda necessariamente a desenvolver a criatividade matemática. Será que o papel da educação matemática é preservar visões equivocadas de ordem social e política, que estão profundamente arraigadas na sociedade? Será que nos perdemos enquanto educadores? Ou será que a educação matemática desde sempre é pautada por interesses do mercado de trabalho e nós, educadores matemáticos, temos dificuldade de reconhecer isso? Vejamos, com mais atenção, um exercício hipotético:

> Uma loja fornece maçãs ao preço de R$ 0,12 a unidade ou R$ 2,80 por uma cesta de três quilos (um quilo corresponde a 11 maçãs). Calcule quanto Pedro economizaria se ele comprasse 15 quilos de maçãs, pagando o preço por cesta em vez de pagar o preço por unidade.

Como tantos outros exercícios do ensino tradicional de matemática, esse exemplo foi artificialmente inventado. Não é preciso ir a campo, ao encontro do mundo real, para elaborar exercícios como esse. Além disso, com respeito a esse caso, todas as informações que constam no enunciado são recebidas com se fossem absolutamente precisas e verdadeiras. Assim, não é preciso questionar até que ponto 11 maçãs pesam, de fato, um quilo ou se o preço unitário é mesmo R$ 0,12. Parece-nos que não há nenhuma importância o fato de que dois tipos diferentes de verdade estão em jogo, e que, consequentemente, isso nem mesmo deva ser mencionado no enunciado.

Toda informação contida no enunciado deve ser recebida como algo fechado, exato e suficiente. Ou, mais especificamente, as informações do exercício são compreendidas como necessárias e suficientes para resolvê-lo. Dada essa informação, é possível (e legítimo em aulas de matemática) calcular a solução correta. Os alunos não precisam buscar mais informações. O processo torna-se tão natural que a ideia de sair da sala para confirmar preços e pesos não ocorre a ninguém. Isso nos remete ao principal aspecto da industrialização: o controle da mão de obra. Um dos dispositivos fundamentais da revolução industrial foi reunir e confinar os trabalhadores nas fábricas, fornecendo a eles todas as ferramentas necessárias para realizar as tarefas, de modo que eles não precisassem mais se deslocar durante o período de trabalho. Uma lógica similar também está presente no ensino de matemática tradicional. Toda a informação está à disposição, e os alunos podem permanecer quietos em suas carteiras resolvendo exercícios. Um exercício define um micromundo em que todas as medidas são exatas, e os dados fornecidos são necessários e suficientes para a obtenção da única e absoluta resposta certa.

Espera-se dos alunos que encontrem uma resposta certa, e muitas coisas interferem nesse processo. Se o aluno obteve um resultado não esperado, talvez o motivo tenha sido, no fim das contas, a escolha de um método indevido. Ou ele pode simplesmente ter cometido um equívoco ao copiar os dados do enunciado: por exemplo, poderia ter escrito R$ 0,12 em vez de R$ 0,22. Ou ele se confundiu e escolheu outro exercício: "Oh, Joãozinho, esse dever é da semana passada, nós já estamos na página 34."

Michel Foucault escreveu sobre o *regime de verdades*. Segundo ele, em cada sociedade desenvolve-se um conjunto de categorias definidoras de verdades. O estabelecimento de *regimes de verdade* é um processo histórico e cada arcabouço de categorias assim formado tem sua época própria. Todo discurso é enquadrado pela cultura e pelo contexto, e, consequentemente, atua de modo a reforçar o que se aceita ou não como verdade:

> Cada sociedade tem seu regime de verdade, sua "política geral" de verdade – isto é, os tipos de discurso que ela aceita e faz funcionar como verdade; os mecanismos e instâncias que permitem que se distinga afirmações verdadeiras e falsas; os meios pelos quais elas são sancionadas; as técnicas e procedimentos reconhecidos para a aquisição de verdades; o *status* daqueles que são autorizados a dizer o que conta como verdade. (Foucault 2000, p. 131)

De modo similar, o ensino de matemática tradicional também exercita seu regime de verdades.

Se a questão é entender matemática, as regras e os enquadramentos característicos de seu ensino tradicional soam irracionais. Por outro lado, parece que se cumpre um propósito – que pouco tem a ver com entender matemática – quando estudantes completam o longo processo de formação, com seus mais de 10 mil exercícios resolvidos. Essa aprendizagem materializa-se numa *obediência cega a ordens*.[2] Observe o estilo da redação das questões: "Simplifique a expressão...!", "Resolva a equação...!", "Encontre o x tal que...!", "Calcule quanto Pedro economizaria se...!".

Esses exercícios parecem tomar a forma de longas sequências de ordens. Será que o ensino de matemática tradicional contribui para embutir nos alunos uma obediência cega que os habilita a

---

2. Uma discussão sobre a obediência cega a ordens (*prescription readiness*) pode ser vista em Skovsmose (2008a). Ver também Christensen, Stentoft e Valero (2007).

participar de processos de produção em que a execução de ordens sem questionamento é um requisito essencial? Será que tal obediência é uma condição necessária para o funcionamento de tantos postos de trabalhos existentes, e o papel do ensino de matemática tradicional na sociedade é justamente ajudar a estabelecer essa condição? Será que uma obediência cega, da qual faz parte certa submissão ao regime de verdades, alimenta a apatia social e política que tanto é apreciada pelas forças do mercado de trabalho? Será que esse tipo de obediência contempla perfeitamente as prioridades do mercado neoliberal, em que a produção sem questionamentos atende às demandas econômicas?

❏ *A educação matemática potencializa os alunos*

A ideia de que a matemática produz alguma forma de potencialização manifesta-se de formas variadas. Existe a questão do desenvolvimento da inteligência; a da maior chance de sucesso pessoal; e a do papel social da matemática. Certamente, há outras mais, mas vou me ater a essas três.

A noção de que estudar matemática torna os indivíduos mais inteligentes é bem antiga. A matemática está entre os poucos gêneros de conhecimento cuja importância não tem sido questionada ao longo da história. Muito pelo contrário, ela sempre recebeu reconhecimento e prestígio. Para os antigos gregos, que buscavam no conhecimento alguma forma de certeza, a matemática tinha um valor especial. Platão sustentava que o conhecimento e a certeza estavam ao alcance do ser humano, e a matemática era o exemplo mais notável disso. Para Platão, nossa capacidade intelectual é que nos permite desvendar o mundo das ideias. Tempos depois, com a revolução científica, os poderes da matemática ganharam novo formato. Tornou-se senso comum que as leis da natureza possuem um caráter matemático. Assim, por meio da matemática, e somente dela, é possível captar as nuanças da criação divina. As duas linhas de raciocínio – a da certeza e a da essência da natureza – colocam a matemática como uma forma superior de potencialização.

Já a interpretação pragmática da relação entre potencialização e matemática, aquela que evidencia o sucesso pessoal, segue outra linha de raciocínio. Está mais ligada às possibilidades de aplicação da matemática na sociedade industrial. Não faltam exemplos a nosso redor, a começar pela tecnologia, que nos torna tão produtivos e eficientes. Isso é potencialização em nível pessoal. Uma série de atividades praticadas em nossa sociedade está reservada àqueles que tiveram uma boa formação em matemática. A educação matemática funciona, assim, para muitas pessoas, como garantia de boa posição no mercado de trabalho. Isso também é potencialização pessoal.

A discussão em torno da dimensão sociopolítica da potencialização tem um teor diferente. Haja vista a questão da justiça social na educação matemática em todas as suas variações.[3] Na raiz desse processo, está a expectativa de que a educação matemática pudesse concretamente causar impactos de ordem social e política, ao promover uma visão de mundo diferenciada. Isso está nitidamente expresso em várias teorias e formulações que se alinham com a educação crítica. Assim, temos Paulo Freire enfatizando a noção de *conscientização* na educação, Theodor Adorno e sua educação para *Mündigkeit*, e outros que falam em *emancipação* ou, ainda, em *cidadania crítica*.[4] Todos esses exemplos são da primeira geração da educação crítica, faz-se necessária uma análise em face das condições atuais.

O exemplo que trago a seguir é uma tentativa de promover uma concepção sociopolítica de potencialização no âmbito da educação matemática. Trata-se do Projeto Energia, conduzido pelo professor Henning Bødtkjer, que já abordei em outras obras.[5] Os alunos que participaram estavam na faixa dos 14 aos 15 anos. O ponto-chave do projeto, em se tratando de potencialização, era, em primeiro lugar, conscientizar os alunos de certas questões socioeconômicas, e, ao mesmo tempo, aplicar e desenvolver conceitos matemáticos que ajudavam a entender melhor os problemas.

---

3. Ver, por exemplo, Gates (2006).
4. Ver, por exemplo, Freire (1972) e Adorno (1971).
5. O projeto é descrito detalhadamente em Skovsmose (1994).

O tema do projeto eram modelos de consumo e geração de energia. De início, os alunos eram convidados para um café da manhã, no qual pesavam tudo o que comiam ou bebiam, e, mais tarde, calculavam o ganho de energia que haviam obtido com aquela refeição. A base para os cálculos eram informações disponíveis sobre as propriedades nutricionais dos alimentos, em unidades de quilojoule. A parte da atividade referente à perda de energia era realizada com bicicletas. Calculava-se o quanto de energia um aluno dispensava em uma volta de bicicleta, tendo por base técnicas da ciência esportiva. As fórmulas para a determinação da quantidade de energia gasta tinham como parâmetros velocidade, distância, tipo de bicicleta e área frontal do ciclista. A distância era a mesma para todos os alunos e a velocidade individual era passível de medição. A área frontal, por sua vez, causou dificuldades, mas, no fim das contas, a questão foi resolvida adotando-se um método padrão, e, assim, os alunos puderam determinar o consumo de energia. Confrontando, então, as duas contas, eles tiveram a primeira experiência de contabilidade de valores energéticos.

Terminada essa introdução, o passo seguinte conduzia a um contexto maior, o de uma propriedade rural voltada para a produção de alimentos. Para realizar essa etapa, foram usados dados de uma fazenda real, não muito distante do lugar em que fica a escola. A primeira parte do cálculo de obtenção de energia consistia em estimar quanto de combustível gastava-se por ano numa lavoura. A terra era trabalhada em várias etapas, cada qual com um maquinário diferente, como semeadeiras, irrigadores automáticos, colheitadeiras etc. Os alunos tomaram nota de todos os procedimentos e mediram a largura das máquinas. Mediram o campo e estimaram a distância percorrida pelo trator durante sua preparação. Receberam informações da taxa média de consumo de combustível por quilômetro rodado, e, com isso, conseguiram cumprir a primeira etapa. A fazenda produzia cevada e a energia contida nas sementes usadas no plantio também foi estimada.

Na etapa de cálculo da energia produzida pela propriedade rural, os alunos precisaram estimar a quantidade de cevada que poderia ser tirada de uma gleba, para depois determinar a quantidade de energia correspondente. Para isso, eles usaram dados estatísticos. Dessa forma, chegou-se a um valor inicial para a razão entre a energia produzida e a consumida, que foi de seis vezes segundo os alunos. Esse valor pode parecer surpreendente à primeira vista. Que processo pode ter um fator de multiplicação tão alto? Claro que isso tem uma explicação: as plantas captam a energia do sol; mas será que os alunos não cometeram algum engano? As estatísticas oficiais da Dinamarca trazem valores da ordem de três vezes. Haveria outros fatores a serem considerados, como, por exemplo, o transporte. No final das contas, os alunos tiveram uma boa oportunidade de pensar a respeito de quanto se consome e quanto se produz de energia na agricultura.

O passo seguinte era estender os cálculos de consumo e produção de energia para a pecuária de corte. Costuma-se usar cevada para alimentar porcos, como era o caso daquela fazenda. Havia uma máquina que conduzia, automaticamente, a cevada diretamente do celeiro para as instalações de alimentação dos porcos nos horários programados. Um algoritmo baseado na quantidade de porcos e no peso médio permitia controlar a quantidade transferida. Esse era o canal principal de fornecimento de energia para os porcos e foi um ponto de partida para as contas dos alunos. Eles comparavam esse número com a energia da carne dos porcos após o processamento industrial. Os alunos recolheram informações sobre o consumo diário de cevada pelos porcos com base no peso e o peso efetivo dos porcos no ponto de abate. Foi preciso pesquisar também a relação entre o peso do animal, a quantidade efetiva de bacon produzida e a energia contida nela. A razão final obtida pelos alunos foi de 0,2. Considerando o aspecto da energia, a produção de carne mostrou-se um mau negócio. Os resultados obtidos pelos alunos estiveram muito próximos das estatísticas oficiais.

Ao longo de todo o projeto, os alunos familiarizaram-se com contas e números do setor alimentício, com ênfase na questão da energia. Os dados referiam-se a uma fazenda em particular, mas os procedimentos poderiam ser generalizados. Nesse sentido, o projeto foi exemplar: por meio do estudo de um caso particular, os alunos desenvolveram um entendimento sobre uma questão abrangente.[6] É óbvio que o trabalho dos alunos continha simplificações consideráveis, mas isso não tira o mérito do projeto no sentido de introduzir os alunos no tema do consumo e da produção de energia na agricultura. A matemática, em particular, desempenhou um papel importante, não apenas nos cálculos em si, mas também nas estimativas.

O Projeto Energia serviu de base para discussões posteriores a respeito de produção agrícola, uso racional de fontes energéticas e combate à fome em uma economia globalizada. Isso possibilitou comparar métodos de produção em diferentes países. Ao examinar as estatísticas, os alunos descobriram que os piores índices vêm dos Estados Unidos, onde o consumo absoluto de energia é enorme, e não apenas em termos de petróleo. Os alunos estavam discutindo questões de ordem global. Nesse sentido, esse projeto é um bom exemplo de como a educação matemática pode potencializar os alunos, e, assim, contribuir para o desenvolvimento de uma cidadania crítica.

❏ *Indefinição*

Há uma aparente contradição no que apresentei até agora: ora a matemática é considerada como fator de despotencialização dos alunos, ora ela pode ser fator-chave de desenvolvimento desse potencial. Tal contradição deve-se, em parte, ao caráter aberto do conceito de potencial. Mas o que me interessa abordar agora é outro ponto: a indefinição inerente à educação matemática, que é bem nítida nesse caso.

Diversas perspectivas abrem-se em torno do tema *potencial*. Pelo viés mais conservador, por exemplo, que prioriza o aspecto econômico, há uma expectativa de que a educação matemática possa alavancar o potencial produtivo do indivíduo como mão de obra. E

---

6. Em Skovsmose (1994) há uma discussão sobre *exemplaridade* como um conceito educacional.

os avanços percebidos podem ser contabilizados tanto na conta do indivíduo (que passa a ter um salário melhor) quanto na da empresa (que passa a ter mais lucros). Nessa linha de pensamento, pessoas são engrenagens que devem funcionar de forma apropriada e o papel da educação matemática é cuidar dessa adequação. Porém, outras perspectivas se abrem no tocante ao potencial. Como o Projeto Energia mostrou, quando a educação matemática se abre para questões como a justiça social, é possível acreditar num cenário em que alunos melhoram a autoestima, a ponto, inclusive, de poderem *questionar a autoridade*.

Potencializar ou *despotencializar* são conceitos discutíveis: ambos admitem conotações na direção que se queira. Portanto, não é de se estranhar que alguém consiga fazer um discurso sobre a educação matemática partindo de um viés de despontecialização e chegando a seu oposto. Contraditórias como elas possam parecer, as duas posições podem ser defendidas. Isso nos revela, então, *a indefinição da educação matemática*.

O significado disso é que não há como se falar em aspectos essenciais da educação matemática. Há uma gama de mecanismos despotencializadores que podem se manifestar na educação matemática, mas isso *não precisa necessariamente* ser verdade. Assim como, por outro lado, não é certo que os mecanismos potencializadores aconteçam, nem mesmo num projeto trabalhado como o Projeto Energia. No caso desse projeto em particular, a título de exemplo, podemos fazer algumas considerações. Talvez os alunos tivessem interessados, no fundo, na refeição feita na escola. Uns devem ter gostado de andar de bicicleta, outros só queriam saber mesmo é quem seria mais rápido na cronometragem. Uns talvez tenham gostado do contato com a natureza, outros devem ter achado desagradável o cheiro dos porcos. Alguns possivelmente tenham gostado da contabilidade dos ganhos e gastos de energia. Outros (quem sabe?) só pensavam em voltar para a rotina das aulas de sempre. Os alunos podem ter tido experiências muito diferentes. Nada garante que os alunos efetivamente se colocaram na posição de *questionar a autoridade*.

A educação matemática não tem uma essência. Isso não quer dizer, contudo, que ela seja neutra. Em certas situações, seus efeitos podem ser desastrosos, em outras, maravilhosos.

Deve-se notar também que essa visão dualista da educação matemática, que fala em potencialização e despotencialização, é altamente problemática. A educação matemática pode cumprir diversas funções, que são difíceis de classificar em um esquema simplista de bom ou ruim. A educação matemática pode potencializar de diversas formas. Pode ser potencializadora para uns e despotencializadora para outros. Potencializadora para aqueles que buscam adquirir competências valorizadas pelo mercado de trabalho. E despotencializadora na medida em que reforça um comportamento de adequação e obediência a regras. Assim, quando eu descrevo a educação matemática como indefinida, estou me referindo às grandes incertezas relativas às funções que a educação matemática pode exercer nos diversos contextos sociopolíticos. Essas incertezas são reflexos do fato de não conseguirmos ser conclusivos sobre as situações que abordamos, nem, tampouco, sobre o arcabouço conceitual que empregamos para analisá-las. É importante reconhecer a indefinição da educação matemática, pois se ela fosse um processo fechado, sem significação social, não haveria por que a educação matemática crítica ocupar-se dela, mas sabemos que para isso há motivos de sobra.

2

DIVERSIDADE DE CONDIÇÕES

Na capa do livro *O berço da desigualdade*, de Cristovam Buarque e Sebastião Salgado,[1] vemos uma menina fazendo anotações em um caderno, sentada numa sala de aula escura. Ela aparenta ter uns sete anos de idade, usa um vestido branco e seus pés estão descalços. A impressão que a imagem deixa é de dificuldade, desamparo e penúria.

Essa é apenas uma das diversas imagens angustiantes do livro. Há uma fotografia de um grupo de jovens sob a sombra de grandes árvores. Eram refugiados do Sudão que haviam chegado ao Quênia. Um quadro-negro pendendo em um cavalete, com a sombra das árvores, servia de sala de aula. Pelas bordas, passava um camelo. Em outra foto, crianças carregavam fardos de lenha a caminho da escola. Elas eram do Curdistão (norte do Iraque). Fazia frio, e elas tinham que providenciar o aquecimento da escola. Uma imagem do Afeganistão mostra crianças completamente absorvidas em uma explicação sobre bombas e minas terrestres, que eram uma ameaça real nos arredores

---

1. Ver Salgado e Buarque (2005).

da cidade. Há fotos de salas de aula mal-iluminadas e sombrias, carentes de todo tipo de infraestrutura, e lotadas. Condições como essas são pouco consideradas nas pesquisas de educação matemática.

Estatísticas informam que o número de crianças que vivem no chamado *mundo desenvolvido* não passa de 10% da população de crianças no planeta. A proporção que cabe aos *países em desenvolvimento* é de assombrosos 86%.[2] Tendo em vista esses números e as realidades mostradas em *O berço da desigualdade*, pode-se concluir que as condições vistas no livro prevalecem na educação mundial.

❑ *Tendenciosidade na pesquisa em educação matemática?*

Uma análise das circunstâncias de sala de aula que tipicamente aparecem na literatura de educação matemática revela o predomínio do que eu chamo de *sala de aula simplista* (ou estereotipada), um ambiente organizado, onde tudo funciona. Os alunos nunca se rebelam. Se há algum tipo de dificuldade com relação aos alunos, ela se restringe à aprendizagem de matemática, mas, mesmo nesse caso, os alunos mostram-se dedicados e esforçados. É comum encontrar nessas pesquisas relatos de erros conceituais, minuciosamente descritos e analisados. Não se vê, contudo, transcrições mais detalhadas de momentos de insubordinação ou quebra da ordem escolar.[3] Não há *ruído* na sala de aula simplista. Naturalmente, na transcrição de diálogos, são deixadas algumas falas fora do assunto para dar ao leitor uma sensação realista da interação. Nas publicações científicas de educação matemática é raro encontrar o relato de estudantes revoltados, fora de si, doentes ou psicóticos. Cenários de guerra nunca são estudados. Existem aulas de matemática lá? Não se veem estudos sobre a influência das condições de pobreza no dia a dia do aluno, seja na escola, seja em casa fazendo os deveres.

---

2. Ver Unesco (2000). Ver também Skovsmose (2006c).
3. Um exemplo nessa direção pode ser encontrado no Capítulo 5 de Alrø e Skovsmose (2002).

Ao que parece, existem critérios paradigmáticos sendo aplicados na pesquisa em educação matemática. Tais critérios ajudaram a criar e dar forma à sala de aula simplista. Esse estereótipo impera na literatura da área, mas está longe de representar a diversidade de condições das aulas de matemática pelo mundo. Naturalmente, eu poderia fazer uma pesquisa criteriosa nas publicações de educação matemática para levantar números precisos, mas arrisco fazer uma conjectura: *90% da pesquisa em educação matemática se concentram nas escolas que estão entre as 10% mais abastadas do mundo, enquanto 10% da pesquisa se ocupam com os 90% restantes das escolas.*[4]

Algumas observações sobre essa conjectura: é fácil cometer o equívoco de associar a sala de aula simplista com os "países desenvolvidos". Na verdade, há nesses países muitíssimas ocorrências de situações que nada têm a ver com as características ideais apontadas no estereótipo, a começar pelo comportamento dos alunos, que pode ser de rebeldia e transgressão. Além disso, não se pode esquecer que parte significativa da população mundial que vive em níveis de pobreza está nesses países, gerando implicações na educação. Por outro lado, há muitos ambientes escolares abastados nos países "em desenvolvimento". Em todo o mundo encontram-se condições favoráveis e desfavoráveis.

Existem também pesquisas que tratam de circunstâncias educacionais que não se encaixam no estereótipo.[5] O programa de pesquisa da etnomatemática, em especial, teve um impacto significativo, consolidando a pesquisa sobre condições desfavoráveis. Mas é uma exceção. Minha conjectura dos 90%-10% não é mais do que um chute, eu ainda não consegui refutá-la com base em evidências. Eu ficaria feliz em descobrir que estou errado, tomando contato com fatos documentais que me contradissessem.

---

4. Cheguei a essa estimativa mediante observações apontadas em Skovsmose e Valero (2008) e Skovsmose (2006c).
5. Ver, por exemplo, Valero (2004 e 2007); Valero e Zevenbergen (orgs.) (2004); Vithal (2007 e 2009); e Vithal e Valero (2003).

Até que isso aconteça, devemos considerar seriamente a possibilidade de que a pesquisa em educação matemática seja tendenciosa, com sérias implicações para a teoria e a prática da área. Há certo tipo de favorecimento, que se dá primeiramente no processamento dos dados empíricos, e se multiplica depois nas análises teóricas que tomam esses dados como base. É bem possível que o ensino e a aprendizagem de matemática sejam apresentados na literatura científica da área como se o mundo fosse repleto de escolas ideais, professores ideais e alunos ideais.[6]

❑ *Contrastes à sombra da globalização e da guetização*

Falar de ensino e aprendizagem é inevitavelmente falar das condições de ensino e aprendizagem em toda sua diversidade. Há outros aspectos a considerar além da "condição" das pessoas propriamente, tais como a "cultura". É senso comum falar em ensino e aprendizagem em diferentes contextos culturais, e que cada conteúdo ensinado é recebido e processado através dos filtros culturais. Estou totalmente de acordo com isso. Considero, particularmente, que a noção de cultura foi cuidadosamente tratada no programa etnomatemática, no qual Ubiratan D'Ambrosio associa "etno" a cultura.[7]

Contudo, é igualmente necessário falar sobre ensino e aprendizagem em diferentes contextos socioeconômicos. Não podemos nos esquecer da pobreza e das favelas que se espalham pelo mundo, em São Paulo, Johannesburgo, Bombaim, Nova York, Madri etc., e que a riqueza também se distribui pelos mesmos lugares. Bairros ricos crescem ao lado de favelas e invasões. É possível analisar esses contrastes à luz de diferenças culturais, mas a noção de "cultura" estritamente falando pode gerar uma falsa imagem do quadro. Os

---

6. Ver uma análise sobre a idealização de professores e alunos em Valero (2002).
7. Ver, por exemplo, D'Ambrosio (2006). Ver também D'Ambrosio (2010), que traz uma análise abrangente de como a educação matemática pode favorecer a sobrevivência com dignidade.

contrastes espalham-se pelo mundo seguindo a lógica da globalização e da guetização, e, para mim, as condições de ensino e aprendizagem se estruturam socioeconomicamente, não apenas culturalmente.

O aspecto político também deve ser considerado numa compreensão sobre o ensino e a aprendizagem. Guerras e outras formas de violência têm influência direta no modo como o "ir à escola" se estrutura entre a população. Pode-se abordar a questão pela perspectiva da cultura, ao reconhecer que existe aí uma cultura de zona de guerra. Crianças que vivem em regiões com minas armadas desenvolvem uma cultura própria, mas eu penso que nessas circunstâncias a noção de cultura é inadequada para descrever por completo a raiz do problema. Prefiro pensar em diversidade de condições políticas.

As fotografias de *O berço da desigualdade* mostram diferenças culturais, mas acima de tudo mostram diferenças socioeconômicas e políticas. Essa observação me remete à noção de *condição*. Esse é o termo com o qual me refiro aos contextos culturais, socioeconômicos e políticos dos processos de ensino-aprendizagem. Eu quero usar uma expressão que chame a atenção para a diversidade de contextos, sem precisar recorrer a um pacote de pressupostos sobre a natureza dos contextos. Uma preocupação da educação matemática crítica é reconhecer a diversidade de condições nas quais o ensino e a aprendizagem de matemática acontecem no mundo. Isso pode ter impacto nos conceitos e teorias desenvolvidos. Em particular, é uma preocupação da educação matemática crítica não repetir a atitude tendenciosa que se estabeleceu nos discursos que adotam a sala de aula simplista.

3

FOREGROUNDS DOS ESTUDANTES

Veja o caso de duas crianças sul-africanas nascidas no mesmo dia em 2000. Nthabiseng é uma menina negra, filha de uma família pobre da zona rural da província de Cabo Oriental, a cerca de 700 quilômetros da Cidade do Cabo. Sua mãe não frequentou a escola. Pieter é branco, filho de uma família abastada da Cidade do Cabo. Sua mãe é graduada na vizinha e aclamada Universidade Stellenboch.

Que culpa essas crianças têm de ter nascido nas condições em que nasceram? Quem pode imputar-lhes alguma responsabilidade por serem da raça e do sexo que são, terem pais com a renda e a formação que seus pais têm, de viverem no local em que vivem? No entanto, as estatísticas sugerem que esses indicativos de seus *backgrounds* pessoais têm grande influência em seus futuros. Nthabiseng tem 7,2% de chances de falecer no primeiro ano de vida, mais que o dobro dos 3% de Pieter. A expectativa de vida dele é de 68 anos, a dela, de 50. Pieter pode esperar por uma educação formal de 12 anos de duração, Nthabiseng não deve passar de um. Ela provavelmente terá uma vida mais difícil que a dele financeiramente falando. Quando for adulta, terá menos chance de ter água potável e saneamento básico em sua casa, e boas escolas. Portanto, as oportunidades dadas a essas duas crianças são díspares desde o início, embora elas não possam ser responsabilizadas por nada disso.[1]

Essa é a introdução do relatório do Banco Mundial *Igualdade e desenvolvimento*. As oportunidades de vida dessas crianças são diferentes, e é na direção da questão das oportunidades que quero desenvolver minhas reflexões.

❏ Foreground

Foreground de um indivíduo, da maneira como entendo essa noção, refere-se às oportunidades que as condições sociais, políticas, econômicas e culturais proporcionam a ele.[2] Essa formulação, contudo, precisa ser destrinchada.

Considerando a descrição das oportunidades de Nthabiseng e Pieter, dois *foregrounds* completamente diferentes se delineam: "as oportunidades dadas a essas duas crianças são díspares". No entanto, o *foreground* não é uma consequência determinística das condições sociais, políticas, econômicas e culturais. Pode acontecer de Nthabiseng viver mais de 50 anos e Pieter morrer de acidente no auge de sua vida universitária. As estatísticas empregadas para caracterizar suas oportunidades na vida apenas revelam *indicadores*, que configuram o *foreground* da pessoa.

Foregrounds não são fatos sociais nem podem ser depreendidos de indicadores socioeconômicos; não existem num sentido objetivo que possibilite estudá-los com estatísticas. Indicativos socioeconômicos não são os únicos fatores que influenciam a formação de *foregrounds*:

---

1. Ver Banco Mundial (2006, p. 1). Renuka Vithal referiu-se a esse texto numa palestra no *Symposium Mathematics Education, Democracy and Development: Challenges for 21st Century*. Faculdade de Educação da Universidade de Kwazulu-Natal, Durban, 4 de abril de 2008.
2. A noção de *foreground* foi apresentada em Skovsmose (1994). Ver também Skovsmose (2005 e 2007b); Alrø, Skovsmose e Valero (2009); e Lindenskov (2010).

o modo como as pessoas interpretam suas possibilidades de futuro também é importante. Assim, é preciso reconhecer as expectativas, esperanças, frustrações e perspectivas de um *foreground*. Pode-se relacionar a noção de *foreground* com a noção de mundo-vida, isto é, a maneira como uma pessoa vivencia as condições ao seu redor. Edmund Husserl traz uma rica apresentação da noção de mundo-vida, que considero inspiradora, embora sua fundamentação fenomenológica me pareça problemática.[3] Mundos-vida não são apenas fatos sociais prontos ou situações que as estatísticas mostram, mas também os modos como esses fatos e situações são vividos. Entendo *foregrounds* como sendo uma província especial do reino dos mundos-vida. É a província que se ocupa do futuro. Os mundos-vida de Nthabiseng e Pieter são distintos e, por isso, também são distintos os seus *foregrounds*.

Há uma relação estreita entre as noções de *foreground* e *background*. Pode-se dizer que o *background* da pessoa influencia seu *foreground*. No caso de Nthabiseng e Pieter, seus *backgrounds* ajudam a moldar seus *foregrounds*. Certas tendências que fazem parte de seus *foregrounds* constituem também parte de seus *backgrounds*. Em todo caso, é importante estabelecer uma distinção fundamental entre as noções de *foreground* e *background*. O *background* da pessoa refere-se a tudo o que ela já viveu, enquanto que o seu *foreground* refere-se a tudo que pode vir a acontecer com ela. Enquanto o *foreground* da pessoa é algo em aberto, o *background*, de alguma maneira, é algo que já se cristalizou no passado. (Nem tanto assim, pois as interpretações da experiência vivida podem mudar, e, portanto, o *background* pode mudar.)

Discuti até agora os *foregrounds* de Nthabiseng e Pieter sempre numa perspectiva individual, mas também poderia ter falado em termos de *foregrounds* coletivos. Pessoas de uma mesma comunidade, como aquela a que Nthabiseng pertence, compartilham *foregrounds*. Essas pessoas são enquadradas nas mesmas estatísticas,

---

3. Especificamente, não entendo o mundo-vida como um *fluxo de consciência* como ele sugere. Ver Husserl (1970) e Skovsmose (2009b).

seus *foregrounds* se formam sob os mesmos parâmetros. Isso não quer dizer que a vida não possa tomar caminhos diferentes e que as oportunidades sejam aproveitadas de maneiras iguais. Pieter compartilha *foregrounds* com muitos outros jovens de sua vizinhança: estatisticamente eles têm oportunidades similares — que são radicalmente diferentes das oportunidades da comunidade de Nthabiseng. Enquadrados em indicadores similares, indivíduos podem tomar caminhos diferentes diante das oportunidades que se abrem. Isso significa que a noção de *foreground* contempla aspectos tanto coletivos quanto individuais.

Foregrounds contêm experiências, interpretações, esperanças e frustrações, que se forjam no exercício contínuo da convivência humana, em cada interação, em cada ato comunicativo. Assim é com Nthabiseng e Pieter. Seus *foregrounds* vão se desenvolver no exercício diário de interação com outras pessoas, mas é claro que vão ser ambientes completamente diferentes e distantes. A formação dos *foregrounds* dos jovens se dá a partir das mais diversas fontes: seus amigos, seus pais e seus ídolos.

Contradições também estão presentes nos *foregrounds*, o que faz todo sentido se considerarmos que eles não são frutos de processos absolutamente racionais, em que se detectam e eliminam inconsistências. Ao contrário, *foregrounds* são inconsistentes e multifacetados. O *foreground* de um jovem pode se mostrar exuberante numa dada situação e apagado em outra. *Foregrounds* podem conter combinações improváveis e inesperadas de sonhos, realismo e frustrações.

Um *foreground* pode ser desolador. Quando uma pessoa só experimenta limitações, chamo a isso de *foreground* fragilizado. Dizer que um *foreground* foi fragilizado não significa dizer que não exista *foreground*, apenas que ele parece destituído de possibilidades motivadoras. Um *foreground* fragilizado não favorece o desenvolvimento de aspirações, pelo contrário, as chances maiores são de desenvolver frustrações. Um *foreground* pode se tornar fragilizado por meio de ações sociais, econômicas, políticas e culturais. Um caso célebre foi o regime do *apartheid* na África do Sul, cujo princípio era dirimir o *foreground* dos negros. As oportunidades não eram iguais. Os negros ficavam confinados em áreas restritas; não tinham direito a propriedade; não podiam usar certos equipamentos públicos; eram proibidos de entrar nos mesmos hospitais que os brancos etc. Os diferentes *foregrounds* de Nthabiseng e Pieter requerem uma interpretação à luz dos fatos que marcaram o *apartheid* sul-africano.

Há muitas Nthabisengs e muitos Pieters pelo mundo afora. Diferenças entre seus *foregrounds* podem ser reconhecidas nos *foregrounds* de alunos ricos e pobres em diversas metrópoles do mundo. Eles podem ser reconhecidos na comparação entre alunos que vivem em zonas rurais e aqueles que vivem nas regiões urbanas. Aparecem na comparação entre *foregrounds* de alunos de famílias de imigrantes e os *foregrounds* de crianças nativas.

❑ *Intencionalidade e aprendizagem*

O conceito de intencionalidade foi elaborado por Franz Brentano como parte de sua teoria psicológica e filosófica.[4] Sua aspiração era diferenciar claramente a consciência humana de todo tipo de fenômeno mecânico.

Não faz sentido falar que uma pedra cai por ter intenção deliberada. Uma pedra não tem intenções nem motivos para cair. A queda livre pode ser explicada em termos de causa e efeito, não em termos de intenções ou motivos. Segundo a visão mecanicista do mundo, essa observação aplica-se não apenas às pedras, mas a todos os fenômenos naturais inclusive às ações humanas. Consequentemente, a ação humana deve ser interpretada não mais com respeito às intenções da pessoa que age, mas como parte de um sistema mecânico. Quando devidamente explicada, qualquer ação humana é identificada como parte de uma operação de uma estrutura mecânica. Deve-se apresentar uma cadeia causal que culmina com as operações físicas que caracterizam uma ação.

---

4. Ver Brentano (1995a e 1995b).

Em contrapartida à visão mecanicista do mundo, Brentano ressaltou a importância da direcionalidade da consciência humana, e estabeleceu o conceito de intencionalidade como parte crucial para o entendimento de suas atividades. O conceito de intencionalidade foi aprimorado posteriormente por Husserl, que foi aluno de Brentano.[5] Husserl considera que a consciência humana não pode ser explicada a partir de operações mecânicas subjacentes, mas que ela é um fenômeno a ser investigado por si mesma, e com um arcabouço conceitual próprio. Essa visão confere ao conceito de intencionalidade um lugar de destaque. Eu pretendo assumir essa ligação entre as ações humanas e a intencionalidade; pretendo interpretar uma ação em termos de sua direcionalidade.

A noção de intencionalidade pode ser relacionada com a noção de *foreground*. Caso busquemos as causas de uma ação, é importante analisarmos o *foreground* do sujeito agente. Naturalmente, faz sentido observar o *background* também, uma vez que ele contribui para a formação do *foreground*. Contudo, vejo uma relação mais próxima entre intencionalidade e *foreground*, visto ele indicar uma direcionalidade. O *foreground* é o caldo nutritivo em que surgem as motivações.[6]

A aprendizagem é uma forma de ação, como tantas outras. Para aprender, o indivíduo precisa tomar iniciativas, ter planos, agir.[7] É um processo repleto de intenções e motivos. Assim, quando pretendemos investigar fenômenos de aprendizagem, precisamos considerar a intencionalidade dos aprendizes. Pode-se perguntar se qualquer forma de aprendizagem pode ser vista como uma forma de ação. Com um pouco de boa vontade, até que seria possível. No caso de uma criança aprendendo a falar, por exemplo, pode-se afirmar que

---

5. Ver, por exemplo, Husserl (1998).
6. A noção de motivo refere-se ao *foreground* da pessoa, enquanto a noção de motivação, especialmente no behaviorismo, refere-se ao seu *background*.
7. Para uma discussão da ideia de aprendizagem como ação, ver Skovsmose (1994). Considero o ensino também como ação, mas isso não é explorado nesta obra.

a criança está realizando uma ação deliberada? Uma conclusão mais fácil de aceitar seria entender que o interesse em aprender a falar faz parte da intencionalidade de uma criança nessa idade. E no caso de soldados aprendendo a marchar? Embora seja uma aprendizagem dirigida por ordens, parece que os soldados estão dispostos a segui-la. Deixando essa discussão de lado, quero deixar claro que considero, sim, a aprendizagem como uma forma de ação, especialmente a aprendizagem que se vê nas escolas. O foco de nossa análise deve se voltar, dessa forma, para a intencionalidade dos alunos, seus *foregrounds* e motivos (ou falta deles) para aprender.

Quando aprender é entendido como ação, diversos fenômenos relacionados com a aprendizagem – como engajamento e rendimento dos alunos – podem ser interpretados à luz dos *foregrounds*. Os *foregrounds* fragilizados, especialmente, mostram como o caminho para a aprendizagem pode ser deliberadamente impedido. O caso de Nthabiseng e Pieter ajuda-nos a refletir sobre o tema. Como analisar o desempenho escolar dessas crianças? Vejamos o que diz as assim chamadas "pesquisas dos brancos sobre a educação dos negros".[8] Em tais pesquisas, fica "comprovado" que o desempenho das crianças negras é inferior ao das brancas. Tais resultados servem de justificativa para políticas educacionais compensatórias. Conclusões bem distintas, contudo, poderiam ser obtidas se o princípio de análise fosse o *foreground* dos alunos. Na África do Sul do *apartheid*, carreiras como engenharia, medicina e odontologia eram simplesmente vedadas a estudantes negros.

É preciso dizer sem meias palavras: o *foreground* de qualquer criança negra encontra-se claramente fragilizado. O *apartheid* deixou de existir, mas suas marcas não vão desaparecer da noite para o dia. As condições de vida de Nthabiseng e Pieter são distintas e, dessa forma, também são distintos seus *foregrounds* e desempenhos escolares. Devemos assumir uma perspectiva bem ampla ao tentar

---

8. Khuzwayo (2000) traz um estudo crítico sobre "a pesquisa dos brancos sobre a educação dos negros". Ver também Skovsmose (2005).

explicar tais diferenças. Quando a aprendizagem é concebida como um tipo de ação, rendimentos escolares diferentes devem ser entendidos à luz das condições disponíveis para a realização da ação. Tais diferenças são fruto das diferenças de oportunidades que a sociedade oferece para grupos distintos. Desempenhos escolares ruins podem ser provocados por *foregrounds* fragilizados, que, por sua vez, podem ser resultado da exclusão social e econômica.

Examinando mais uma vez as fotos de *O berço da desigualdade*, penso nos refugiados do Quênia. Quais são suas perspectivas de vida? O que as estatísticas apontam? Qual é a visão dos próprios refugiados a respeito disso? E quanto às crianças que levam lenha para a escola? E as crianças do Afeganistão, como serão seus *foregrounds*? Devemos promover mais pesquisas sobre *foregrounds*. Essa é a ideia por trás do Projeto Aprendendo para a Diversidade, do qual faço parte.[9] Temos examinado *foregrounds* dos filhos de imigrantes na Dinamarca e de favelas e comunidades indígenas no Brasil. Diversos são os resultados a que temos chegado, mas talvez o principal deles seja que a aprendizagem dos alunos depende muito de seus *foregrounds*.

❏ *Sentido na educação matemática*

Diferentes teorias do sentido têm influenciado a educação matemática. Pretendo abordar brevemente a teoria composicional do sentido, proposta pela assim chamada educação matemática moderna, e a teoria do sentido pelo *background*, que surgiu no contexto da etnomatemática. Diante dessas teorias, proponho entender sentidos com base em ações, intencionalidades e *foregrounds* e dar uma ideia do que isso significa.

---

9. Aprendendo para a Diversidade (*Learning for Diversity*) é um projeto dirigido por mim, Helle Alrø e Paola Valero. Ver, por exemplo, Alrø, Valero e Skovsmose (2009).

A discussão sobre o sentido dos conceitos matemáticos tem sido uma constante na educação matemática desde longa data, haja vista o movimento da educação matemática moderna, que aconteceu no final dos anos 1950 e ocupou-se intensamente com a questão. A concepção de sentido nesse movimento baseia-se no princípio de que um conceito complexo deve ser compreendido a partir de suas partes constituintes.[10] O ensino e a aprendizagem de tais conceitos, consequentemente, deveriam seguir a estruturação lógica dos conceitos matemáticos (especialmente os propostos por Nicolas Bourbaki). Por exemplo, o conceito matemático de *grupo* pode ser definido como um conjunto não vazio G, equipado com uma operação, *. Tal operação, *, por sua vez, pode ser definida como uma função de G X G em G, obedecendo certas propriedades.[11] O próximo passo, portanto, é conhecer o conceito de função. Uma forma de definir funções é apresentar pares ordenados que possuem certas propriedades. Esse encadeamento de conceitos vai culminar em conteúdos mais fundamentais como a teoria de conjuntos. Portanto, para montar um currículo, é preciso dispor os conteúdos numa sequência apropriada de pré-requisitos, começando com teoria dos conjuntos, passando pelos conceitos de par ordenado e produto cartesiano, e, então, chegando a relações, funções, operações etc. A educação matemática moderna entende que a estrutura lógica da matemática molda a estrutura curricular na escola. Isso significa que o sentido de conceitos complexos é estabelecido recorrendo-se aos sentidos dos conceitos elementares. O Movimento da Matemática Moderna foi muito combatido, mas seu modelo subjacente é seguido sem questionamentos.

---

10. Um tema da filosofia analítica é determinar até que ponto o sentido de um conceito composto e complexo pode ser visto como a combinação dos sentidos de seus elementos atômicos constituintes. Frege traçou uma distinção entre sentido (*Sinn*) e referência (*Bedeutung*), que foi crucial para clarificar esse ponto. Ver em Skovsmose (2009b) uma discussão sobre a distinção de Frege.
11. As propriedades são: a operação, *, deve ser associativa; existe um elemento neutro *e* em G; e todo elemento em G possui um elemento inverso em G.

Essa não é a única teoria do sentido presente na educação matemática. Uma corrente de pensamento distinta defende que o sentido é estabelecido a partir de complexas relações entre a pessoa e seu *background*. Segundo essa concepção, a fim de se estabelecer uma aprendizagem significativa, é preciso estabelecer relações entre o conteúdo educacional e os *backgrounds* dos alunos. Essa é a teoria do sentido pelo *background*, que tem tido respaldo nos estudos etnomatemáticos. Nesses estudos, análises dos *backgrounds* culturais dos alunos servem de base para a elaboração de propostas pedagógicas.

As teorias mencionadas possuem limitações, por isso apresento outra formulação, baseada na ideia de *sentido da ação* (ou *sentido da atividade*). Uma ação revela a intencionalidade de quem a executa e, portanto, revela o seu *foreground*. O sentido de uma atividade realizada em sala é uma construção dos alunos, e depende de como eles encaram suas próprias possibilidades na vida, ou seja, essa construção depende de seus *foregrounds* e intenções. Assim, trabalho aproximando essas três noções: sentido, intencionalidade e *foreground*. Quero discutir alguns casos.

Numa escola pública na cidade de Rio Claro, interior do Estado de São Paulo, a professora pretendia desenvolver projetos nas aulas de matemática. Ela pediu aos alunos que indicassem assuntos que gostariam de estudar, e uma sugestão foi surfe (especialmente pranchas de surfe). A professora viu dificuldades no tema por considerar algo que não fazia parte da realidade dos alunos. A escola ficava numa periferia e dificilmente os alunos teriam estado na praia alguma vez na vida. Como, então, poderiam entender o que é o surfe? Se vincularmos a noção de sentido com as experiências prévias dos alunos (seus *backgrounds*), surfar não parece mesmo ser algo significativo. Contudo, tal conclusão implica em não considerar aspectos relevantes que podem ser importantes para eles. Talvez o surfe fizesse parte do *foreground* dos alunos e isso poderia ter sido significativo.[12]

---

12. Esse exemplo me foi apresentado por Miriam Godoy Penteado.

Por muitos anos, participei de um projeto de educação matemática na África do Sul.[13] Nós nos debruçamos sobre o desafio de tentar definir o que seria significativo para crianças de comunidades que viviam "além das montanhas". Um educador matemático observaria as comunidades e identificaria práticas relativas à matemática na agricultura, na culinária etc. Ficamos surpresos ao constatar que solucionamos a questão com a "matemática de pilotagem de aviões". Essas crianças conheciam muito de aviação, embora aviões para eles nunca passassem de finas linhas de fumaça que passavam ao longe. Mas aquilo, de alguma forma, fazia parte de seus *foregrounds*. A intencionalidade das crianças aponta para além de sua realidade; ela parece querer se desvincular de seus *backgrounds*.

Como parte do Projeto Aprendendo para a Diversidade, conduzimos diversos levantamentos de *foregrounds* de jovens índios brasileiros.[14] Um aluno indígena expressou uma forte vontade em trabalhar com agricultura nas terras de sua aldeia. Essa perspectiva estabeleceu um tipo de sentido nas aulas de matemática. Já outro aluno manifestou a intenção de ser médico. Ele via a questão da saúde como um grande problema para os índios. Seus planos incluíam se formar em medicina e voltar para sua comunidade para clinicar. Essa perspectiva abriu sentidos diferentes para as mesmas atividades. Ele sabia que, embora não entendesse no momento a razão daqueles conceitos e teorias que lhe eram apresentados, aquilo deveria ser importante para seus estudos futuros, não apenas em medicina. Seu *foreground* trouxe à tona uma série de sentidos que não seriam identificados se apenas seu *background* fosse considerado.

Participei de um projeto, conduzido por Miriam Godoy Penteado, sobre alunos problemáticos. O que poderia ser significativo para alunos nessa situação? Como motivar quem já refutou todo tipo de aproximação? O que poderia lhes interessar numa aula de matemática? Descobriu-se que esses alunos gostavam de jogos e

---

13. Ver Vithal (2010).
14. Ver Skovsmose, Alrø e Valero em colaboração com Silvério e Scandiuzzi (2008), e também Skovsmose *et al.* (2008).

desafios matemáticos. Eles gostavam especialmente de descobrir estratégias para vencer os jogos. Geometria dinâmica, que é praticada com o auxílio de computadores, também lhes despertou interesse. Como explicar isso? Esse caso é a deixa para algo importante que quero ressaltar: a construção de sentidos é um processo complexo. Quando há um encontro entre a intencionalidade do aprendiz e a proposta de atividade, uma gama de sentidos se abre. Mas muitas surpresas podem estar ocultas nesse leque. Não há fórmulas nem roteiros para uma educação significativa, nem para se prever as intencionalidades dos alunos.[15]

---

15. Ver Penteado e Skovsmose (2009).

4

CENÁRIOS PARA INVESTIGAÇÃO*

Um dos principais desafios da educação matemática é proporcionar aos alunos uma aprendizagem mais significativa. Quem já se ocupou da tarefa sabe das dificuldades. Não há receitas prontas, fórmulas mágicas, procedimentos infalíveis. No entanto, nada disso é motivo para desânimo: devemos insistir na busca de caminhos para desvendar o que poderia ser uma educação matemática mais significativa. Eu fui buscar respostas fora do ensino tradicional de matemática, e descobri-me fascinado pela pedagogia de projetos. Obviamente, essa abordagem não é a solução universal para o desafio da aprendizagem significativa. Mas desejo explorá-la com mais profundidade. Assim, decidi me dedicar aos *cenários para investigação*.[1]

Um cenário para investigação é um terreno sobre o qual as atividades de ensino-aprendizagem acontecem. Ao contrário da bateria de exercícios tão característica do ensino tradicional de matemática, que se apresenta como uma estrada segura e previsível sobre o terreno, as trilhas dos cenários para investigação não são tão

---

* Todas as figuras deste capítulo são de Mikael Skånstrøm.
1. Cenários para investigação são tratados em Skovsmose (2001) e Alrø e Skovsmose (2002).

bem demarcadas. Há diversos modos de explorar o terreno e suas trilhas. Há momentos de prosseguir com vagar e cautela, e outros de se atirar loucamente e ver o que acontece.

O momento em que um cenário para investigação é apresentado aos alunos é um momento de abertura de possibilidades de sentidos. Atividades que envolvem *pesquisa* costumam ser assim. Isso é bem diferente do que se costuma ver no ensino tradicional de matemática, com suas baterias de exercícios prontos. Com pesquisa é diferente, pois é de sua natureza a manifestação de algum tipo de envolvimento e de interesse por parte do pesquisador, o que nos remete à questão da intencionalidade. Pensar em aprendizagem como ação nos leva diretamente à ideia de pesquisa e investigação. Elas apontam maneiras pelas quais a aprendizagem pode acontecer como ação. Podemos convidar, mas nunca obrigar, os alunos a participar das atividades em torno de um cenário para investigação. Se o convite vai ser aceito ou não é sempre incerto. Eles podem se encantar com a proposta ou podem não manifestar nenhuma curiosidade a respeito. Há muitos fatores envolvidos, alguns alunos podem gostar da ideia, outros não.

❑ *Adentrando o terreno de um cenário para investigação*

Como um exercício pode ajudar a começar um trabalho com cenários para investigação? Trago um exemplo baseado em funções lineares. Duas funções f e g de R em R (R significa o conjunto dos números reais) são definidas pelas equações abaixo:

$f(x) = 2x + 3$

$g(x) = -x + 5$

A partir dessas equações, pode-se propor exercícios como estes:

Encontrar a equação da função inversa f^{-1}

Encontrar a equação das funções compostas $f \circ g$ e $g \circ f$

Desenhar os gráficos de f e f^{-1}

E assim por diante. Não há limites para as questões que podem ser formuladas desse jeito. Mas, por outro lado, esse mesmo exercício pode ser transformado em algo totalmente diferente: um cenário para investigação. Poderia ser assim:

Considere duas funções, f e g, da forma $f(x) = ax + b$ e $g(x) = cx + d$. (Os parâmetros a, b, c e d podem ser quaisquer valores em R, e as funções f e g devem ser funções de R em R.) Seria possível dizer de antemão algo sobre os gráficos das funções f, g, f^{-1}, g^{-1}, $g \circ f$, $f \circ g$, $f^{-1} \circ g^{-1}$ etc.? E, que tal se um novo conceito, $//$, que indicasse a interseção dos gráficos, fosse proposto? $f//g$ seria, assim, a interseção entre os gráficos das funções f e g, caso eles se interceptassem de fato. Com esse novo conceito em mãos, poder-se-ia identificar interseções como $f//g$, $f^{-1}//g^{-1}$, $f//g \circ f$, $g \circ f//g^{-1}$ etc. Não haveria limites para as interseções que poderiam ser pensadas. Uma ideia seria tentar identificar padrões, pelo menos em alguns tipos de interseções, ou tentar escrever fórmulas para as interseções a partir dos parâmetros a, b, c e d. Essa é uma descrição hipotética de como o exercício inicial poderia viabilizar o desenvolvimento de um vasto cenário para investigação.

Ainda me lembro — e já faz muitos anos — de quando alguns alunos meus exploravam essas propriedades de funções lineares. Lembro-me dos sorrisos em seus rostos quando começavam a fazer suas primeiras descobertas por si mesmos. Eles encontraram uma fórmula para calcular a interseção $f//f^{-1}$. Também definiram uma relação entre $f//g$ e $f^{-1}//g^{-1}$. Havia tantas propriedades a explorar! Eles haviam começado o trabalho com apenas algumas funções de exemplo. Nessa etapa, identificavam propriedades que teriam o potencial de serem generalizadas depois. Então, partiam para os cálculos mais sérios, com os parâmetros a, b, c e d. Eles ainda não conheciam matrizes, por isso fizeram todos os estudos usando a representação algébrica de funções lineares, em conformidade com o livro-texto. Mas isso não foi um fator limitante para o trabalho. Aliás, pelo contrário, sou defensor da ideia de que é recomendável evitar conexões prematuras entre o que os alunos fazem e a matemática avançada. É válido expressar descobertas em qualquer nível de sofisticação de conceitos e de linguagem formal, mesmo os mais simples. Dessa experiência, ficou o envolvimento dos alunos com a pesquisa. Foi isso que abriu meus olhos para a relação próxima entre pesquisa, intencionalidade e sentido.

Penso em outras possibilidades. Vejo uma sala de aula tornada um *campus* de pesquisa, com alunos trabalhando em grupos. Cada grupo se ocuparia da pesquisa de certas propriedades. O trabalho tomaria todas as aulas de matemática da semana, e, no último dia, haveria um seminário, quando os grupos apresentariam seus resultados. Eles poderiam ter trabalhado em assuntos parecidos, ou até no mesmo assunto. Ao longo do seminário, os alunos teriam contato com o que os outros grupos produziram. Alunos de outras turmas poderiam ser convidados, bem como outros professores.

É fácil imaginar variações de um cenário para investigação. O tema agora poderia ser funções definidas da seguinte forma:

$$F(x) = \frac{(ax^2 + bx + c)}{(dx^2 + ex + f)}$$

De que modo o formato do gráfico depende dos parâmetros a, b, c, d, e e f? (Obviamente, antes de tudo, seria preciso calcular o intervalo em que a função é válida.) Os alunos poderiam começar com simplificações. Eles poderiam experimentar valores para os parâmetros. O uso de um *software* como o Winplot poderia ajudar. Um parâmetro poderia ser variado enquanto todos os outros estariam fixos, para ver como ele influencia o gráfico. Outra opção seria fatorar o numerador e o denominador da função, chegando a uma função assim:

$$F(x) = \frac{(ax+b)(cx+d)}{(ex+f)(gx+h)}$$

Como se vê, mais parâmetros foram introduzidos no processo, mas novas possibilidades de observação de propriedades se abrem.

Um grupo poderia começar com funções do tipo:

$$F(x) = \frac{(x-a)(x-b)}{(x-c)(x-d)}$$

Esse arranjo facilita a visualização das raízes do numerador e do denominador. Seria possível, também, discutir o formato do gráfico de F com base em relações entre os parâmetros a, b, c e d.

Dando prosseguimento a nosso passeio por possibilidades de cenários para investigação, vamos explorar algo bem diferente: os *pequenos animais* feitos de quadradinhos, como mostra a Figura 1.

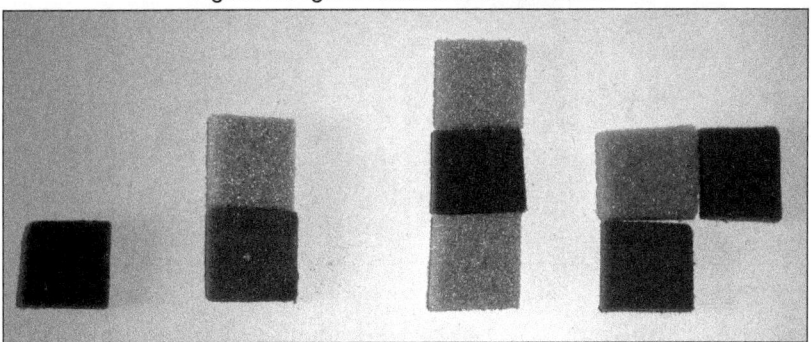

Figura 1: Alguns animais bidimensionais.

Para criar um animal de tamanho 1, usa-se exatamente um quadrado, e não há outras maneiras de fazer. Para animais de tamanho 2, aparentemente também só há uma combinação possível. Mas, vale formar um animal encostando os cantos do quadrado em exatamente um ponto? O animal assim formado não teria uma parte do corpo estreita demais? Melhor ficarmos com a ideia de que quadrados só podem ser combinados tendo uma aresta inteira em contato. Assim, só existe um animal de tamanho 2. Com tamanho 3, há dois animais diferentes. (Estou empregando a ideia de simetria que usualmente se vê em matemática. Mas seria possível adotar um esquema mais restrito, como fazemos com as letras d, b e p: b é uma imagem espelhada de d; e p é uma forma rotacionada de d, mas ignoramos essas simetrias quando consideramos as letras como diferentes.)

Vejamos os animais de tamanho 4. A Figura 2 mostra cinco animais diferentes de tamanho 4, mas existiriam outros?

Figura 2: Animais bidimensionais com tamanho 4.

A Figura 3 mostra um animal de tamanho 9. Quantos animais de tamanho 9 existem? Qual a relação entre o número de tipos de animais e o tamanho do animal? (Seria a função $A(n)$, onde n é o tamanho.) A investigação do assunto deveria começar a partir de valores pequenos de n, como já fizemos com $A(1) = 1$, $A(2) = 1$, $A(3) = 2$. Podemos usar indução? Dado $A(n)$, o que se pode afirmar sobre $A(n + 1)$?

Vamos expandir o cenário para investigação trazendo para o problema animais tridimensionais, como se vê na Figura 4. Vou indicar a função com $B(n)$, pois não há por que ela ser igual à função de duas dimensões. Novamente, uma boa estratégia para o começo é experimentar com valores baixos de n.

Figura 3: Um animal bidimensional com tamanho 9.

Figura 4: Um animal tridimensional de tamanho 3.

Em cursos de formação continuada para professores, eu tenho usado muitas vezes o exemplo dos pequenos animais. O que mais me impressiona é a variedade de soluções que surgem. Certa vez, dividi uma turma de 120 professores em grupos e pedi para que eles trabalhassem sobre a questão do $A(6)$, isto é, a quantidade de animais bidimensionais de tamanho 6. Não houve duas soluções parecidas. Alguns desenharam os animais no papel, outros usaram os cubinhos. Uns abordaram a questão da dimensão, outros nem a mencionaram.

Até aqui, falei de animais de duas e três dimensões. O próximo passo seria, naturalmente, pensar em animais quadridimensionais. Em matemática, é possível discutir as propriedades dos cubos quadridimensionais.[2] Faria sentido construir pequenos animais com eles? Da mesma maneira, haveria uma relação entre o número de cubinhos empregados na construção do pequeno animal e a quantidade de tipos diferentes que podem ser construídos com aquele número. A função representativa dos animais quadridimensionais poderia ser chamada de $C(n)$. Do mesmo modo, haveria uma relação $D(n)$ para animais pentadimensionais e de tamanho n, e, assim, sucessivamente. Para um dado número n, seria possível montar uma série de valores $A(n)$, $B(n)$, $C(n)$...

E o que dizer a respeito dos animais unidimensionais? Eles se pareceriam com minhocas, cada uma de certo tamanho. Para cada valor de n, que representa o número de blocos empregados para construir o animal unidimensional, haveria uma única forma de construir o animal. Assim, a relação, que é denominada $O(n)$, obedeceria a seguinte propriedade: $O(1) = O(2) = O(3) = \ldots O(n) \ldots = 1$. Esses animais-minhocas são mostrados na Figura 5.

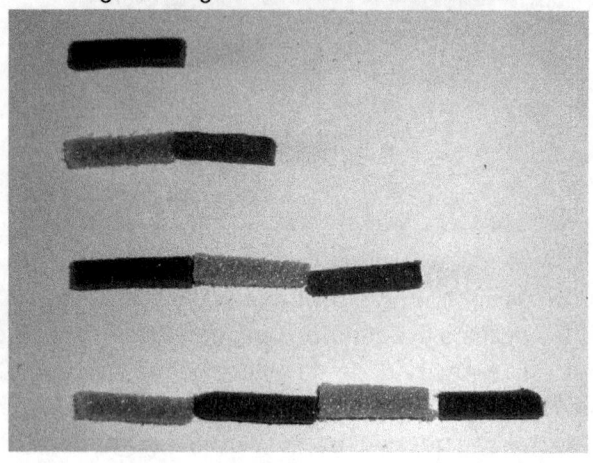

Figura 5: Alguns animais unidimensionais.

---

2. Quantos lados tem um dado quadridimensional? Rønning (2010) apresenta uma discussão a respeito.

Alguns resultados são mostrados na Tabela 1, mas ainda há muito a ser explorado.

Tabela 1: Alguns resultados sobre pequenos animais.

Dimensão \ Tamanho	1	2	3	4	5	6
1	1	1	1	1	1	1
2	1	1	2	4		
3	1	1	2			
4						
5						

Colocar questões, conduzir investigações e realizar pesquisas são atividades que não se restringem apenas a certos campos da matemática, e certamente não apenas à matemática avançada. Pode-se objetar que explorar interseções de gráficos de funções lineares não traz nada de novo para o corpo de conhecimento da matemática. Mas isso não é relevante. O que importa para os alunos é realizar sua própria pesquisa e não apresentar resultados de fato. Também é importante observar que questões que podem ser entendidas por uma criança, como o caso dos pequenos animais, podem se desdobrar em problemas bem mais sofisticados. Cenários para investigação não se aplicam apenas a certos domínios ou a certos níveis de matemática.

Questões como "o que aconteceria se..." têm um papel especial em processos de investigação. O professor pode levantar possibilidades de pesquisa por intermédio desse tipo de questão. Tomando o caso das funções $F(x) = (ax^2 + bx + c)/(dx^2 + ex + f)$ como exemplo, o que aconteceria se considerássemos o parâmetro a sempre positivo? E se assumíssemos que ele vale exatamente 1? Um indício de que os alunos passam a conduzir o processo de investigação é o fato de que eles passam a formular suas próprias questões "o que aconteceria se...". Sim, o que aconteceria se todos os parâmetros valessem 1? Vamos considerar que todos valem 1 e traçar o gráfico na calculadora gráfica. Depois, variamos cada parâmetro para valores maiores e menores que 1. Assim, temos uma noção da influência de cada parâmetro no comportamento do gráfico. Bem, essa é uma possibilidade, mas por que o valor assumido precisa ser necessariamente 1? Por que não 0? Isso facilitaria visualizar a influência de cada parâmetro de acordo com o seu sinal (positivo ou negativo). Sim, mas se todos os parâmetros tivessem valor inicial nulo, a função teria sentido? Acompanhando esse raciocínio, podemos observar a importância da comunicação no processo de pesquisa. Processos de interação e comunicação desempenham um papel muito mais relevante em processos de pesquisa do que nos processos presentes no paradigma do exercício.[3]

❑ Milieus *de aprendizagem*

Cenários para investigação favorecem práticas de sala de aula que contrastam com práticas baseadas em exercícios. Podemos dizer, por conseguinte, que cenários para investigação e listas de exercícios estabelecem diferentes *milieus**de aprendizagem. Mas há outras formas de diferenciar esses *milieus* de aprendizagem, e eu quero considerar aqui as referências feitas pelos alunos quando estão engajados nas atividades. Tais referências podem visar conceitos puramente matemáticos; nesse sentido, a resolução de uma equação não exige que se faça referência a objetos ou situações não matemáticos. Por outro lado, é possível fazer referência a objetos que *parecem* vir da realidade. Nesse caso, as atividades estão em uma semirrealidade. E, por fim, referências podem ser feitas a situações da vida real.

Tabela 2: *Milieus* de aprendizagem.

	Listas de exercícios	Cenários para investigação
Referências à matemática pura	(1)	(2)
Referências a uma semirrealidade	(3)	(4)
Referências à vida real	(5)	(6)

---

3. Considere, por exemplo, o Modelo de Cooperação de Pesquisa investigado em Alrø e Skovsmose (2002).

* *Milieu* é uma palavra francesa, que designa "meio, centro". (N.T.)

Se combinarmos os três tipos de referências com os dois paradigmas de atividades de sala de aula, obteremos uma matriz de *milieus* de aprendizagem, como mostrado na Tabela 2. Vou comentar cada um dos seis *milieus*.

O *milieu* de aprendizagem do tipo (1) está posicionado no contexto da matemática pura assim como na tradição de exercícios. Esse *milieu* de aprendizagem é dominado por exercícios, que podem ser de uma das seguintes formas: (a) Reduza a expressão...; (b) Resolva a equação...; (c) Calcule... Livros-texto de matemática estão repletos de exercícios como esses, que fazem referências apenas a objetos puramente matemáticos.

O *milieu* de aprendizagem do tipo (2) é caracterizado por cenários para investigação sobre números e figuras geométricas. Os exemplos sobre funções lineares e pequenos animais, mostrados na seção anterior, ilustram esse caso.

O *milieu* de aprendizagem do tipo (3) situa-se no paradigma de exercícios com referências à semirrealidade. O significado disso pode ser depreendido no exercício já mencionado em capítulos anteriores.

Uma loja fornece maçãs ao preço de R$ 0,12 a unidade, ou R$ 2,80 por uma cesta de 3 quilos (um quilo corresponde a 11 maçãs). Calcule quanto Pedro economizaria se ele comprasse 15 quilos de maçãs, pagando o preço por cesta em vez de pagar o preço por unidade.

A loja, as maçãs e os preços aparecem no texto, sem dúvida. Mas nada nos obriga a falar de uma loja real, com maçãs reais e preços reais. A situação é artificial; esse exercício encontra-se em uma semirrealidade. É bem possível que as referências a essa semirrealidade ajudem os alunos a contextualizar seus procedimentos matemáticos. Contudo, semirrealidades possuem suas peculiaridades. Como já foi dito, ela funciona como um mundo platônico, em que toda a informação é exata e verdadeira.

Os *milieus* do tipo (4) também estão posicionados em uma semirrealidade, que toma a forma de um cenário para investigação.

Como exemplo, cito o programa de simulação Simcity4, que foi usado como parte do Projeto Planejamento Urbano.[4] O Simcity4 possui funcionalidades realísticas de planejamento de uma cidade, mas é claro que se trata de uma semirrealidade. O programa é estruturado como um jogo e os participantes se colocam na condição de prefeitos do município. Como parte do jogo, diversos aspectos do planejamento municipal precisam ser analisados, tais como: sistema de saúde, escolas, poluição, mercado imobiliário, transportes, áreas recreativas, legislação, fornecimento de água, energia e serviço de esgoto etc. O Projeto Planejamento Urbano aconteceu no Brasil e, como o Simcity4 mostra a realidade americana, foi preciso relativizar certas características do jogo. Na semirrealidade que ele apresenta, os alunos podem opinar sobre os rumos do município e se envolver em diversas atividades de planejamento e tomada de decisões, quase sempre envolvendo contas. Jogar Simcity4 traz muitas oportunidades de pesquisa. Jogos como esse ilustram o que pode ser um *milieu* do tipo (4). É certo que *milieus* desse tipo podem ser construídos à vontade, com ou sem a ajuda de computadores.

O *milieu* (5) refere-se a situações da vida real; elaborar exercícios com esses dados é trivial. Não seria surpresa se uma ideia original como estudar as razões entre consumo e produção na agricultura se transformasse, de repente, em tema para a geração de incontáveis exercícios. Nesse sentido, o Projeto Energia, mencionado no Capítulo 1, poderia ter sido proposto na forma de exercícios que fariam menção a dados da vida real. Tais exercícios seriam diferentes dos exercícios que aparecem nos *milieus* (1) e (3). A fim de formular exercícios no *milieu* (5), é preciso se informar a respeito das situações estudadas. Isso é bem diferente do que acontece na elaboração de exercícios do *milieu* (3), em que todo o processo de construção do exercício poderia ser feito num gabinete.

O *milieu* (6) é um cenário para investigação com referências à vida real. Como exemplo, pode-se citar o próprio Projeto Energia em

---

4. O Projeto Planejamento Urbano é apresentado por Biotto Filho (2008), e volto a ele no Capítulo 6, no qual discuto a noção de reflexão. O jogo Simcity4 foi lançado em 2003 pela Electronic Arts (EA Games).

sua concepção original. Esse projeto aconteceu num contexto escolar, portanto um cenário para investigação do tipo (6) não é um projeto de fato, mas uma atividade educacional com referências à vida real.

❏ *Folheando um jornal*

É um grande desafio desenvolver *milieus* de aprendizagem do tipo (5) e do tipo (6), mas a inspiração pode ser encontrada folheando-se um jornal.[5] Eu fiz essa experiência no dia 14 de julho de 2008, uma segunda-feira, com a *Folha de S.Paulo*. Uma das manchetes de capa daquele dia era a redução de 57% nos acidentes de trânsito em virtude da nova lei que proibia motoristas de dirigirem com níveis de álcool no sangue acima de certo limite. Esse número pode estar associado com a queda de frequência nos bares e nas casas noturnas, que foi de 30%. Uma ideia que me ocorreu foi cruzar essas informações com as de outros países. Também fiquei especulando se a redução de 57% referia-se ao período de uma semana ou de um ano.

Diversos artigos nessa edição de segunda-feira eram dedicados a crimes de ordem econômica. Havia dados abundantes sobre sonegação de impostos. Falava-se também em suborno. Muitos exercícios de matemática com referências à vida real poderiam ser criados com esses números. Por exemplo, uma ideia seria calcular quanto foi o prejuízo de arrecadação de imposto por parte do governo em um daqueles casos. A perspectiva fiscal poderia ser levada mais além: como se comparam os impostos no Brasil com os demais países? Qual é a arrecadação total oficial? Alguém poderia estimar o total da sonegação? Obviamente, para formular problemas ou cenários para investigação usando como ponto de partida essas referências, alguma pesquisa ainda teria que ser feita.

A *Folha de S.Paulo* possui uma seção sobre Finanças, que é repleta de dados na forma de números. Como o mercado de ações não

---

5. Certa vez assisti a uma aula de Philip Davis, na qual ele realizou essa ação.

opera nos fins de semana, a edição de segunda-feira contém poucos gráficos, mas se tomarmos a edição de terça-feira, encontramos tabelas e diagramas à vontade, mostrando os índices oficiais da bolsa, sua evolução e todo tipo de informação do mercado de ações. Há artigos sobre inflação e outras informações da situação econômica geral. Exercícios poderiam ser montados a partir disso, assim como cenários para investigação poderiam ser propostos.

A escassez de números da seção de Finanças na edição de segunda-feira poderia ser compensada pelas informações da seção de Esportes. Os dados sobre eventos esportivos no fim de semana e, mais especificamente, de futebol, vêm em dois formatos diferentes. Em primeiro lugar, há a descrição da partida: um time começou muito bem, mas aí o juiz não deu um pênalti, e nos 10 minutos seguintes... E, em segundo lugar, existem os gráficos e números da partida. Há a tabela de classificação do campeonato, com o número de pontos, as quantidades de vitórias, empates e derrotas, vitórias em casa e fora de casa, gols marcados e sofridos e o saldo. Além disso, ao longo da semana, há análises matemáticas de diversos jogos, um verdadeiro "raio X". Comparam-se os números de passes executados e bem-sucedidos de cada time, as distâncias percorridas por cada jogador durante uma partida. Além, é claro, de números de cartões amarelos e vermelhos, chutes a gol, escanteios etc.

A previsão do tempo também fornece muitos dados numéricos. À primeira vista, essa informação parece muito diferente das análises matemáticas do futebol. Enquanto o raio X de uma partida refere-se a algo que aconteceu no passado, a previsão do tempo trata do que acontecerá no futuro. Essa predição é feita com base em modelos matemáticos muito complexos, que pouco são mencionados no jornal. Por outro lado, para quem está interessado em participar de um bolão, os dados esportivos também podem servir como base para predições.

Em uma seção da *Folha de S.Paulo* daquele dia, uma foto de meia página mostrava duas garotas diante de um muro de concreto pintado de verde-escuro. Por trás do muro, viam-se dois sobrados com tijolos e cimento à vista, como se costuma ver em favelas. Tudo era sinal de desolação naquela imagem. A tinta que revestia o muro já estava se desgastando. Muitos tijolos dos sobrados estavam quebrados. Sua cor não era mais de um vermelho vivo, mas de um marrom sem vida, fruto de anos de exposição às intempéries. O céu que aparecia sobre a favela era carregado e escuro, como se quisesse chorar. O fato surpreendente em tudo aquilo era o sorriso estampado no rosto das meninas. Diante dessa cena, pergunta-se: é possível conduzir uma discussão sobre matemática com base nisso?

Em primeiro lugar, há a geometria das casas. Vistas de fora, são como caixas, não há janelas para o lado da rua. Um varal cheio de roupas é o único indício de que alguém vive ali. Não se sabe quantas pessoas habitam a construção, mas pode ser uma família numerosa. Pode-se especular sobre quantos quartos tem a casa e como os moradores dividem-se entre eles.[6] Como se faz um orçamento para construir uma casa dessas? E por que é tão difícil completar a casa? E quanto ao urbanismo da favela? Como se traçam as ruas? Há um planejamento? O artigo do jornal de que fazia parte essa foto discutia exatamente o fenômeno do crescimento das favelas. Como não há mais espaço para crescerem, as favelas verticalizaram-se. Mas como isso é possível tecnicamente falando? A foto comprovava que sobrados, pelo menos, poderiam ser erguidos.

Folhear jornais pode ser uma fonte de *milieus* de aprendizagem dos tipos (5) e (6). Quando eu tento criar um cenário para investigação, sempre penso a respeito da matemática que pode ser explorada por meio dele. Por exemplo, anúncios de ofertas – e há tantos desses nas edições de segunda-feira dos jornais – permitem criar cenários que exploram com profundidade a matemática financeira. Obviamente, nem todos os tópicos de matemática financeira necessariamente precisam ser abordados em um mesmo cenário, mas é, ao menos,

---

6. Uma parte do Projeto Planejamento Urbano, que mencionei anteriormente, era solicitar que cada aluno desenhasse a planta da casa em que morava. O professor ficou surpreso com os resultados. Será que os alunos saberiam fazer plantas e mapas? O professor descobriu que sabiam, sim, e ele pôde conhecer muito da realidade e das condições de vida nas favelas por meio das plantas feitas por seus alunos.

possível. Uma pesquisa sobre jogos, mais especificamente sobre apostas esportivas, pode levar a um bom trabalho de teorização matemática. Mais uma vez, não é necessário que os alunos conduzam o trabalho nessa direção, mas há essa possibilidade.

Folhear essa edição da *Folha de S.Paulo* foi uma busca por exemplos significativos. Mas vale a pena frisar que o que os alunos consideram como significativo é fruto de como eles relacionam as coisas. A significação não se rende a esquemas simplistas. Nada garante que a foto de duas meninas diante de um muro de concreto gere uma discussão sobre geometria nas favelas. Até mesmo as propostas de cenários para investigação mais elaboradas, construídas com base em material jornalístico, precisam ser recebidas pelos alunos como algo significativo. A experiência da significação depende de os alunos trazerem suas intencionalidades para as atividades de aprendizagem. Investigar e explorar são *atos* conscientes, eles não acontecem como atividades forçadas. Eles não se realizam enquanto os alunos efetivamente não *fizerem* as investigações e as explorações e, para isso, pressupõe-se que a intencionalidade dos alunos faça parte do processo investigativo.

❑ *Movendo-se entre diferentes* milieus *de aprendizagem*

A matriz mostrada na Tabela 2 é uma grande simplificação. A linha que divide listas de exercícios e cenários para investigação não é tão clara como a divisão entre água e óleo. De fato, há uma vasta região de superposição entre essas duas alternativas. Exercícios podem ser mais ou menos fechados. Um exercício muito fechado pode ser aberto aos poucos, criando espaço para atividades de resolução de problemas. E a resolução de problemas pode se tornar mais interessante, como a proposição de problemas. Cenários para investigação, por sua vez, podem ser fechados e determinados. Eles podem ser desenvolvidos como tarefas de projeto. Muitos *milieus* de aprendizagem apresentam-se ao longo do eixo horizontal da Tabela 2.

Podemos fazer considerações similares com respeito às referências presentes nas atividades. De acordo com a Tabela 2, referências podem remeter à matemática pura, às semirrealidades ou a eventos da vida real. Há diversas possibilidades de superposições também aqui, sem contar com aquilo que sequer é mencionado na tabela, como a possibilidade de se criar cenários para investigação com, digamos, referências históricas.

O ensino tradicional de matemática localiza-se seguramente entre os *milieus* (1) e (3). Pode parecer, à primeira vista, que a solução dos problemas em educação seria a adoção imediata de *milieus* do tipo (6), mas não é bem assim. A Tabela 2 deve orientar o professor a refletir sobre o que se passa em suas aulas. Em que *milieu* as coisas estão acontecendo? Como elas se comparam com o ano anterior? Houve uma movimentação entre diferentes *milieus*? Onde se localizava a maioria das atividades de sala de aula? Deve-se pensar na tabela como um apoio para o planejamento: onde queremos estar no próximo ano?

Faz sentido pensar o processo educacional como uma viagem por diferentes *milieus* de aprendizagem. Não há *milieus* bons por natureza nem maus, mas apenas formas diferentes de viajar. Considero problemático restringir todas as atividades de sala de aula aos *milieus* dos tipos (1) e (3), pois não podemos esquecer que a obediência a ordens desenvolve-se nesses contextos. Por outro lado, faria muito sentido aplicar exercícios após algumas atividades de investigação de interseções entre gráficos de funções lineares. Fazer exercícios sobre funções lineares depois da investigação poderia ajudar a consolidar certos conceitos. Dessa forma, depois de trabalhar no *milieu* do tipo (2), pode-se voltar ao *milieu* do tipo (1) antes de passar, digamos, para o de tipo (4).

Há muito tempo, eu me dediquei a um projeto com crianças de sete anos.[7] O objetivo principal do projeto era planejar e construir um *playground* numa pequena área de terreno disponível ao lado da janela da sala de aula. É nítido que essa atividade está no *milieu* de tipo (6), e o resultado do projeto foi a construção de fato do *playground* com

---

7. A descrição que vem a seguir foi tirada de Skovsmose (2001), com pequenas alterações.

a ajuda dos pais voluntários, que trabalhavam nos finais de semana. Até chegar a esse ponto, outras atividades precisaram ser feitas. Em primeiro lugar, as crianças visitaram outros *playgrounds* para testar o que funcionava ou não. Crianças de sete anos são especialistas em fazer esse tipo de teste. O mais difícil era definir precisamente as qualidades de um bom *playground*. Qual a melhor altura para o balanço? Qual a quantidade de areia necessária? etc. Havia muitas coisas para medir, e para não esquecer nada, era preciso anotar tudo. Não foi fácil.

Uma etapa do projeto, que ao todo durou alguns meses, era o "trabalho de escritório", que, de fato, parecia uma excursão ao *milieu* de aprendizagem do tipo (1). As crianças dividiam-se em equipes, que trabalhavam em seus "escritórios". Como em qualquer escritório, falava-se baixinho, sem gritar. Havia suco ou limonada em copos plásticos diante das crianças. Elas usavam suas carteiras, que, agora, como mágica, pareciam de fato com mesas de escritório. Às vezes, esses verdadeiros funcionários davam mordidinhas nos biscoitos enquanto realizavam cálculos. Às vezes, punham música ambiente (com um rádio). Às vezes, o professor tocava um violão. Papéis espalhavam-se pelas mesas, cheios de contas de somar e subtrair.

Durante as etapas mais trabalhosas do projeto, as crianças reconheciam a importância de saber somar números, e somar direito: esse é o ponto principal do projeto. Durante as atividades de escritório, essa habilidade consolidou-se, e a motivação para essas etapas vinha de etapas anteriores. A arrumação da sala de aula como escritório quebrou o padrão corriqueiro do paradigma de exercícios, embora a atividade propriamente ainda fosse classificada como do tipo (1). Isso mostra que rotas entre diferentes *milieus* ajudam a imbuir novos significados às atividades executadas pelos alunos. O trabalho de escritório não aconteceu na atmosfera típica do ensino tradicional de matemática, embora fosse representante do paradigma de exercícios.

❏ *Zonas de risco e possibilidades*

Os diferentes *milieus* de aprendizagem mostrados na Figura 2 também podem ser chamados de *milieus de ensino e aprendizagem*. Esses *milieus* não se aplicam somente aos alunos, mas também aos professores. Quero tecer alguns comentários sobre como os *milieus* aplicam-se aos professores.

Na perspectiva do professor, deixar os *milieus* do tipo (1) e (3) significa sair de uma zona de conforto e entrar em uma *zona de risco*. Essa ideia foi apresentada por Miriam Godoy Penteado em seu estudo sobre a experiência dos professores em contextos educacionais, em que computadores desempenhavam um papel crucial.[8] Mudar de *milieus* de aprendizagem e trabalhar especialmente com cenários para investigação causam muitas incertezas. Isso é ilustrado pela Tabela 3.

Tabela 3: Zonas de conforto (indicadas por cinza-claro) e zonas de risco (indicadas por cinza-escuro) e suas relações com os *milieus* de aprendizagem.

	Listas de exercícios	Cenários para investigação
Referências à matemática pura	(1)	(2)
Referências a uma semirrealidade	(3)	(4)
Referências à vida real	(5)	(6)

Fonte: Biotto Filho (2008)

Professores podem se sentir inseguros a respeito de como resolver um problema. Se os alunos estão trabalhando com pequenos animais, logo podem surgir questões cuja solução está longe de ser fácil. Por um instante, imagine se um grupo de alunos viesse com um procedimento para criar animais do tipo 6 a partir de animais do tipo 5. Eles tomariam certos animais deste tipo e considerariam de quantas formas diferentes poderiam adicionar um quadradinho para formar um animal do tipo 6 (considerando animais bidimensionais;

---

8. Ver Penteado (2001) para saber mais sobre zonas de risco. Ver também Yasukawa (2010).

para animais tridimensionais, um cubo seria adicionado). Esse procedimento poderia ser generalizado? Outro caso é a geração de gráficos com programas de computador. Muitas coisas inesperadas podem acontecer, mais do que o professor pode estar preparado para responder.

O paradigma do exercício serve para manter as perguntas dos alunos em um estado previsível. Quando se trabalha com questões previamente formuladas, todas as atividades de sala de aula podem ser reduzidas a um esquema de certo ou errado. Esse "regime de verdades" cria uma zona de conforto tanto para o professor como, de fato, para o aluno. Eles sabem o que fazer e como decidir se aquilo está certo ou não. Medidas de desempenho ficam claras nessas situações. Por outro lado, num cenário para investigação, os esquemas de certo ou errado tornam-se obsoletos. Surgem incertezas. A zona de conforto fica para trás, pois riscos sempre estão presentes em cenários de aprendizagem. Contudo, uma zona de risco é uma zona de possibilidades. Lidar com riscos também significa criar novas possibilidades.

INTERMEZZO

A CONCEPÇÃO MODERNA DE MATEMÁTICA

Neste Intermezzo, pretendo delinear o que poderíamos chamar de concepção moderna da matemática, que eu associo ao próprio desenvolvimento da Modernidade. É um conceito amplo, e vou apresentá-lo com base em três grupos de ideias: de que a matemática é essencial para a compreensão da natureza; de que a matemática é um catalisador da inovação tecnológica; e, de que a matemática é uma racionalidade pura, que funciona quase como um jogo mental, separado de todas as demais atividades humanas.

Esses três grupos de ideias – que podem parecer inconsistentes – ditam formas de como se pensar a matemática. Eles se formaram e se consolidaram durante o período da Revolução Científica até as primeiras formulações da Pós-Modernidade.

A concepção moderna de matemática não serve como plataforma para a formulação das questões sensíveis à educação matemática crítica. Eu voltarei a esse ponto no Capítulo 5, no qual apresento uma concepção crítica de matemática e discuto a matemática em ação. Dessa forma, busco suplantar a concepção moderna de matemática. Mas vamos primeiramente entender melhor aquilo que intencionamos suplantar.

❏ *Matemática e ciência natural*

A assim chamada Revolução Científica postulava que a ciência leva ao progresso. Vamos recapitular alguns aspectos dessa revolução. Inspirado nos antigos filósofos gregos, em particular nos pitagóricos e nos platônicos, Nicolau Copérnico apresentou seu sistema heliocêntrico do universo. Isso significou uma ruptura com o modelo geocêntrico vigente à época, que fora formulado inicialmente por Ptolomeu e sustentado durante séculos pela Igreja. Copérnico acreditava que o movimento dos planetas era circular, mas Johannes Kepler, após estudar cuidadosamente o movimento de Marte, sugeriu que as órbitas dos planetas eram elípticas, tendo o Sol em um de seus focos.

As teses de Kepler contribuíram para colocar a matemática numa posição de destaque. Parecia que a matemática era a chave para se descrever de forma precisa as órbitas dos planetas. Dessa forma, passou-se a admitir que a matemática guardava as estruturas da natureza. A ideia pitagórica de que tudo são números ganhou uma nova e poderosa reformulação. A matemática era a linguagem que permitia expressar os projetos de Deus para a criação do mundo. E não podemos esquecer que, nessa época, ainda não se questionava a existência de Deus, todos eram crentes devotos da religião. O ateísmo só se estabeleceu como opção intelectual muito tempo depois.

Galileu Galilei fazia uma distinção entre dados sensórios primários e dados secundários. Enquanto os dados sensórios primários referiam-se a posições, movimentos, formas, e quantidade de objetos, os dados secundários referiam-se a cor, cheiro, som, gosto e textura. Segundo Galileu, somente as qualidades primárias eram relevantes para o entendimento da natureza. Exatamente aquelas qualidades que são facilmente expressas matematicamente. Conquanto as qualidades secundárias são projetadas por nós sobre a natureza, a matemática auxilia-nos na explicitação dos dados sensórios primários, aquilo que a natureza nos impõe. Em resumo, a matemática revela a essência da natureza. (Uma observação à margem: se Galileu pudesse ter lido o caderno de esportes da *Folha de S.Paulo*, ele, provavelmente, teria associado as narrativas das partidas de futebol com os dados secundários, e as tabelas e os gráficos sobre as partidas com os dados primários. E teria defendido, no final, que o raio X de uma partida de futebol, e da natureza, pode ser mais bem conhecido por meio da matemática.)

Tais considerações aproximam-nos de uma formulação mecânica do universo, tal como sugerida por René Descartes, considerado o primeiro filósofo moderno. Na época de Descartes, o relógio à corda acabara de ser inventado e seu mecanismo engenhoso serviu de metáfora para o funcionamento da natureza. Toda a natureza era um mecanismo cujas roldanas e engrenagens operariam segundo as leis criadas por Deus, que projetara o mundo como um fino trabalho de relojoaria. A natureza operava como uma máquina em perene movimento, que a humanidade somente poderia copiar imperfeitamente. Contudo, aos homens era dado o direito, ao menos, de conhecer as leis com base nas quais Deus criou a natureza, e essas leis tinham uma forma matemática. Assim, a matemática ganhou um papel supremo no entendimento da natureza.

Descartes considerava que os corpos, incluindo os corpos celestes, ou se mantinham em repouso, ou realizavam um movimento em linha reta, caso nenhuma força atuasse sobre eles mudando sua direção. De fato, Descartes sustentava que a Terra, de alguma forma, "caía" em direção ao Sol. Essa noção criou, contudo, novas dificuldades. Se o movimento natural da Terra deveria ser uma linha reta, mas ela de fato traçava uma rota curva em torno do Sol, então seria preciso existir uma força tremenda proporcionando esses movimentos elípticos. Nesse ponto, uma visão mecânica do mundo não ajudava: onde estavam as roldanas e engrenagens que faziam a Terra cair em direção ao Sol?

Isaac Newton deu à Revolução Científica o acabamento que faltava, ao formular as leis que governam todo o movimento — na

Terra ou no céu. O fato relevante de seu trabalho foi a unificação das leis que explicam os fenômenos terrestres e celestes. A mesma explicação vale para a pedra que cai de minha mão e para um planeta que se move no firmamento. Além disso, Newton costurou tudo com a noção de gravidade. Quaisquer corpos com massa, onde quer que eles estejam no universo, são atraídos entre si por uma força que é proporcional ao produto de suas massas e inversamente proporcional ao quadrado da distância entre eles. A gravidade opera em tudo. A natureza dessa força, contudo, não tinha uma forma mecânica.

O desenvolvimento dessas noções conferiu à matemática uma posição de destaque. A matemática propiciava o entendimento fundamental da natureza. Sabe-se que a matemática era empregada também na obtenção das proporções estéticas ideais nas construções arquitetônicas. A Catedral de São Pedro, em Roma, é um exemplo magnífico de um projeto arquitetônico detalhado matematicamente. E então ficou evidente que Deus, como arquiteto da natureza, também recorrera a modelos matemáticos. Portanto, o entendimento matemático era importante para o homem ter acesso às ideias da criação divina. A matemática representava o encontro entre o conhecimento humano e a sabedoria divina.

Após a Revolução Científica, a matemática tornou-se parte integrante da física e de outras ciências naturais. Nenhuma teoria física poderia ser formulada sem se recorrer à matemática. Basta pensar em como Albert Einstein concebeu a teoria da relatividade. A matemática houvera se tornado a linguagem das ciências naturais.

❏ *Matemática e tecnologia*

A ideia de progresso na Modernidade não apenas contempla a ideia de que a ciência leva ao progresso, mas também que a sociedade faz o progresso. Se analisarmos as visões de mundo dominantes na Idade Média, vamos encontrar a noção de que a vida terrena tinha pouco valor, o importante era a vida após a morte. A concepção moderna, contudo, abriu caminho para uma perspectiva bem diferente.

A ideia de progresso traz em si o princípio de que é possível melhorar a vida aqui na Terra. A atividade essencial passa a ser encontrar as condições para o progresso, e uma noção-chave é de que o progresso científico favorece o progresso social em larga escala. A compreensão promovida pela ciência ajuda a eliminar as superstições que obstaculam o progresso, mas, mais do que isso, a compreensão da natureza permite o domínio sobre ela.

Muitos problemas eram atribuídos à natureza. A humanidade estava cercada por um ambiente hostil, basta lembrar de todo o sofrimento causado por tempestades, inundações, vendavais etc., que culminavam em fome e doenças. A força da natureza parecia aterradora, mas, pelo emprego consciente das ciências naturais, seria possível dominar a natureza e direcionar suas forças para o benefício da humanidade. A compreensão da natureza que teve início na Revolução Científica poderia ser usada para outros propósitos que não apenas o estudo da natureza por si só. Ela poderia ser empregada em empreendimentos tecnológicos, e o entendimento a respeito da natureza tornava possível concebê-la como um recurso para a obtenção de bem-estar e progresso.

Francis Bacon teve uma trajetória paralela à Revolução Científica. Por exemplo, não se sabe ao certo até que ponto ele conhecia as ideias de Copérnico. Além disso, ele não chegou a usar a matemática na formulação de leis naturais. Porém, foi ele que formulou o que chamo de empreendimento tecnológico: o conhecimento é fonte de poder quando a técnica e a compreensão sobre a natureza se aliam.

Logo ficou claro que empreendimentos tecnológicos só poderiam ser realizados por intermédio da matemática. A noção de invenção tecnológica baseada na matemática estabeleceu-se. Esse processo consolidou-se à medida que os diversos institutos politécnicos, que surgiram após a criação da École Polytechnique de Paris, em 1794, adotavam a matemática em seus programas de estudo.

Sendo indispensável para as finalidades técnicas, a matemática passou a significar a própria racionalidade do progresso. Com respeito às ciências naturais, a matemática havia se tornado uma ferramenta descritiva necessária. Mas, para as finalidades técnicas, a matemática tornou-se uma ferramenta construtiva indispensável. É impossível conceber qualquer indústria de base tecnológica sem a aplicação da matemática. A Revolução Industrial deu início ao domínio da fabricação baseada na matemática. E como se acredita que a tecnologia assegura o progresso, todo empreendimento tecnológico foi marcado por certo otimismo. Em 1932, Charles A. Beard celebrava a tecnologia como a base fundamental da civilização moderna, ao enfatizar como a tecnologia "fornece uma força dinâmica de inexorável direção, e indica os métodos que permitem conquistar a natureza progressivamente".[1]

❏ *Matemática como uma disciplina pura*

Uma ideia bem diferente de matemática surgiu com base no estudo das qualidades intrínsecas da própria matemática. A pesquisa em matemática do século XIX foi o contexto inicial em que ela se desenvolveu, chegando ao seu ápice no início do século XX. Com isso, estabeleceu-se uma concepção de matemática absolutamente pura, ao passo que a matemática tornava-se indispensável tanto para a ciência quanto para a tecnologia.

A ideia de matemática como uma disciplina pura sempre fez parte da concepção de matemática durante toda a Modernidade, mas dessa vez chegou-se a uma definição mais radical, que continha três elementos característicos: o desenvolvimento de uma base axiomática de alcance total; uma interpretação dos conceitos matemáticos que dispensava qualquer forma de objeto matemático metafísico; e uma interpretação da verdade matemática como uma propriedade formal pura.

Em *Principia Mathematica I-III*, escritos por Alfred N. Whitehead e Bertrand Russell e publicados entre 1910 e 1913, a construção da

---

1. Beard *apud* Bury (1955, p. xx).

matemática parte de axiomas, cinco no total, e as demonstrações são feitas aplicando-se apenas duas regras simples de dedução. Dessa forma, Whitehead e Russell queriam demonstrar que a matemática pode ser construída tendo a lógica como base.[2] Os *Principia Mathematica* são marcados pela crença de que a matemática pode ser reduzida a um conjunto de sentenças, cuja verdade é incontestável, da mesma forma como Euclides fizera com a geometria. Para demonstrar a verdade de toda a matemática, foi crucial encontrar uma organização axiomática. Assim, a tarefa de demonstrar a verdade de todos os teoremas matemáticos se reduziria a demonstrar a verdade dos axiomas fundamentais sobre os quais foi erigida toda a construção. Mas como atribuir o valor verdadeiro aos axiomas? Essa atribuição não pode se basear no processo de dedução. Ao contrário, precisamos apelar à intuição. Essa foi a abordagem de Aristóteles, que o modelo euclidiano tem adotado desde então. Mas como confiar na intuição para assuntos tão fundamentais? Os axiomas precisavam ser muito simples para que sua verdade fosse evidente para a intuição humana. E o papel da intuição na construção dos *Principia Mathematica* deveria parar por aí. Tudo daí para frente deveria se basear na dedução lógica, cuja propriedade essencial é que se "*A* implica *B*" e *A* é verdade, então *B* também é verdade.

Portanto, uma vez que a intuição conferiu verdade aos axiomas, a dedução, como um correio infalível, levaria a verdade a todos os demais teoremas. Dessa forma funciona o paradigma euclidiano, e os *Principia Mathematica* representam esse paradigma. Isso ilustra o que significa inscrever a matemática dentro de uma axiomática total. Contudo, *Principia Mathematica* seria a última grande obra de matemática a admitir que as verdades matemáticas podem ser estabelecidas com base em uma axiomática.

---

2. É bem sabido que o projeto do logicismo, a redução da matemática à lógica, ficou incompleto nos *Principia Mathematica I-III* (alguns elementos da intuição e da observação empírica não puderam ser dispensados). E, logo em seguida, o projeto do logicismo foi abandonado.

Em *Grundlagen der Geometrie*, publicada inicialmente em 1899, David Hilbert sugere que a geometria euclidiana não precisa estabelecer referências a objetos matemáticos de qualquer natureza. O princípio é que se poderia trabalhar ideias matemáticas dispensando-se uma ontologia específica. A geometria axiomática menciona noções como o ponto, a reta e o plano, mas ela não tem nada a ver com interpretações empíricas de ponto, reta e plano: não é necessário um mundo platônico para sustentar esses termos. De acordo com Hilbert, os axiomas da teoria geométrica expressam relações entre objetos indefinidos. Essas relações são tudo o que sabemos sobre esses objetos. Quaisquer propriedades particulares que eles tenham são irrelevantes para a geometria. O desenvolvimento da geometria, portanto, consiste no desenvolvimento das implicações dos axiomas, e a única coisa que se aplica é a dedução lógica. Referências a propriedades intuitivas de pontos, retas e planos seriam ilegítimas. Assim, um livro-texto de geometria não precisaria ter figuras. Hilbert apresenta uma resposta ousada e provocativa à questão da existência matemática. Ele simplesmente sugere que a existência matemática é equivalente à consistência matemática. Provar que objetos geométricos como pontos, retas e planos de fato existem não requer considerações metafísicas sobre a natureza de tais objetos. A discussão se reduz à prova de que a teoria geométrica é consistente.[3]

---

3. Hilbert pretendia abordar tanto consistência quanto completude. Uma teoria matemática é consistente se não é possível, ao mesmo tempo, provar uma sentença, digamos *p*, e a sua negação, não *p*, por outro caminho de dedução. Dizer que uma teoria é completa significa dizer que para todo par de sentenças, em que uma é negação da outra, como no caso de *p* e não *p*, existe uma demonstração possível na teoria para uma das sentenças do par. Assim, enquanto a consistência exige que não se deve demonstrar coisas demais, a completude requer que não se demonstre coisas de menos. A vontade de Hilbert era apresentar formalizações das teorias matemáticas que fossem demonstradamente consistentes e completas. Se esse projeto tivesse sido realizado, Hilbert teria reduzido a filosofia da matemática a um empreendimento lógico. De uma forma dramática, contudo, Kurt Gödel provou que o plano de Hilbert nunca passaria de um sonho: um formalismo,

Assim como Hilbert diluiu a discussão sobre a existência matemática numa discussão metamatemática sobre consistência, os formalistas transformaram a discussão de verdade matemática numa discussão sobre provas. Em *Outlines of a formalist philosophy of mathematics*, publicado inicialmente em 1951, Haskell B. Curry apresenta a ideia de verdade matemática como uma propriedade puramente formal. Uma teoria matemática formalizada pressupõe o emprego de uma linguagem formal, cujas unidades básicas são os símbolos. Símbolos podem ser organizados em sequências e algumas dessas sequências são aceitas como fórmulas. Algumas fórmulas podem ser consideradas como axiomas. Regras de dedução indicam quando uma fórmula é derivada de outras fórmulas. Uma prova pode ser descrita como uma sequência de fórmulas com a seguinte propriedade: Qualquer fórmula da sequência deve ser ou um axioma ou uma consequência das fórmulas anteriores na sequência (de acordo com as regras de dedução). Um teorema, então, é qualquer fórmula que aparece como fórmula final de uma prova.

Com base nessa elucidação, verdades matemáticas podem ser descritas assim: Uma fórmula pode ser verdadeira à medida que ela pode ser um teorema em uma teoria formalizada. Portanto, o valor de verdade de certa fórmula matemática é relativo a certo tipo de formalismo. A verdade de uma sentença matemática (uma fórmula) é identificada com sua capacidade de ser provada por certa teoria formalizada. A implicação maior disso é que qualquer concepção superior de verdade matemática torna-se dispensável. O mundo das ideias de Platão não tem mais razão de ser. De fato, não há nada mais a que se referir, uma vez que matemática é *sobre* nada. Matemática é puro formalismo.[4]

---

rico o suficiente para dar conta da teoria dos números naturais, teria que ser incompleto se tivesse que ser consistente.

4. Os proponentes da matemática como uma disciplina pura não estavam alheios às aplicações da matemática, mas como sustentar a ideia de matemática pura quando de fato ela é aplicada? Segundo Curry, faz sentido discutir a aplicação empírica da teoria matemática, mas essa é

❏ Educação matemática moderna

Repassamos três maneiras de olhar a matemática: como uma forma sublime de compreender a natureza; como um recurso indispensável para o desenvolvimento tecnológico; e como uma pura racionalidade. Como dito antes, essas três maneiras de olhar a matemática podem ser incompatíveis. Em todo o caso, uma completa a outra ao criar imagens sedutoras da matemática. Elas operam juntas na formação de uma concepção moderna de matemática, que, por sua vez, sustenta o que eu chamo de *educação matemática moderna*. Essa educação surgiu em um formato distinto durante o final dos anos 1950.

A formulação explícita da educação matemática moderna iniciou-se atenta à importância da matemática para o desenvolvimento das ciências e da tecnologia. Assim, em 1959, o matemático Marshall H. Stone afirmou que o ensino de matemática seria reconhecido "como a verdadeira fundamentação da sociedade tecnológica cuja formação era o destino de nossa época".[5] Dessa forma, ficou claro que não apenas a matemática, mas também a educação matemática são partes integrantes da tecnologia e do progresso.

A educação matemática moderna também valorizou a arquitetura lógica da matemática com vistas a seus próprios interesses. Sustentou-se que o currículo de matemática deveria seguir as estruturas lógicas dela. As características mais puras da matéria deveriam ser ensinadas como tópicos principais na escola. Isso reflete nitidamente como a educação matemática moderna interpreta o sentido educacional, conforme mencionado anteriormente. O significado de conceitos complexos poderia ser concebido como uma composição de significados elementares e, assim, a apresentação da matemática, em particular como aparece nas obras de Bourbaki, começando pela noção de conjuntos, poderia ser reproduzida nos diversos contextos educacionais.

---

uma discussão de outra natureza em relação à investigação da verdade das sentenças matemáticas.
5. Ver OEEC (1961), p. 18.

A educação matemática moderna apresenta a matemática como uma ferramenta indispensável para a compreensão da natureza e para a realização de todos os projetos tecnológicos; além de valorizá-la em sua forma pura. Consequentemente, não é preciso abordar a racionalidade matemática de uma maneira crítica. De acordo com a educação matemática moderna, os professores devem atuar como *embaixadores da matemática*. Eles devem se ocupar com a criação de ambientes de aprendizagem atraentes, sejam livros-texto ou projetos curriculares, que abram um caminho direto para os alunos chegarem ao âmago da matéria e garantir que eles gostem de lá.

A educação matemática moderna tem um grande impacto na formulação de teorias sobre ensino e aprendizagem. Vejamos um exemplo: a epistemologia genética de Jean Piaget. Ele acreditava que a estruturação lógica da matemática, na forma desenvolvida por Bourbaki, de fato antecipava o potencial natural de aprendizagem das crianças. Por meio dessa crença, Piaget aproximou as formulações das teorias de aprendizagem da matemática com a imagem da matemática pura. Para Piaget, a noção importante para entender o crescimento do conhecimento matemático era a abstração reflexiva.[6] Essa abstração representa a ação epistêmica da criança, por exemplo, quando ela considera certo conjunto de operações com objetos e identifica certas regularidades nessas operações, reconhecendo então alguns princípios unificadores nas operações. Nesse caso, abstrações reflexivas referem-se a propriedades de operações sobre objetos (e não a propriedades dos objetos). Abstrações reflexivas, como descritas por Piaget, representam faculdades individuais por meio das quais a criança estabelece as bases de certas operações. Essas abstrações tornam-se um modo de construir novas ideias matemáticas abstratas e, dessa forma, a criança acha seu caminho no mundo da matemática. Abstrações reflexivas são apresentadas como um modo de construção do conhecimento matemático em seu formato estrutural. Eu sustento que, em nenhum ponto da obra de Piaget, a ideia de racionalidade matemática aparece como algo que

---

6. Ver Beth e Piaget (1968) e Piaget (1970).

pode ser questionado. A epistemologia genética de Piaget pressupõe (cegamente) a verdade da racionalidade matemática. Tal confiança representa bem o tipo de teorização que está associado à educação matemática moderna.[7]

---

7. Também vejo a (assim chamada) "tradição francesa na educação matemática" como um exemplo de educação matemática moderna, onde a confiança na racionalidade matemática está embutida na noção de "transposição didática".

5

UMA CONCEPÇÃO CRÍTICA DE MATEMÁTICA

A racionalidade matemática esbanja simpatia se olhamos apenas para as facilidades que a matemática proporcionou durante a Revolução Científica em termos de compreensão das leis naturais. Mais simpática ainda ela fica se incluímos na foto os benefícios da tecnologia que a matemática ajudou a realizar. E, finalmente, analisando as qualidades intrínsecas da matemática, temos um quadro magnífico em que ela desponta como soberana das ciências. Esse clima de exaltação marca a concepção moderna de matemática, em que se vê também uma confiança absoluta em sua racionalidade.

A crença em uma correlação forte entre o desenvolvimento científico e o progresso faz parte da visão moderna. Mas não podemos esquecer que essa visão estava presente nas grandes descobertas, que desencadearam alguns dos mais brutais processos de colonização da história da humanidade. Veio daí o comércio de escravos e os discursos explícitos de racismo, que se tornariam mais tarde o racismo de base científica. Tais eventos fizeram parte da visão moderna. Assim, não é de se surpreender que a conexão entre ciência e progresso tenha lá suas dificuldades.

A ideia de risco está ligada à natureza. A humanidade está cercada por um ambiente hostil e nossa missão é controlar esse ambiente. A ideia de conquistar a natureza foi destacada por Francis Bacon, mas hoje em dia questiona-se a tecnologia como fator de agressão a ela. A tecnologia é integrante fundamental da *tecnonatureza* que envolve a humanidade, e que a põe em risco. A energia atômica é um bom exemplo disso. Uma usina atômica produz grandes quantidades de energia, mas também traz preocupações. Quase sempre nada de catastrófico acontece, mas a possibilidade sempre vai estar presente. Nesse sentido, podemos falar em uma sociedade de riscos, na qual a produção de riscos em si mesma é parte do desenvolvimento tecnológico. Consequentemente, a suposta conexão intrínseca entre desenvolvimento científico e progresso parece duvidosa.

Os riscos distribuem-se de modo bem irregular por todo o planeta. Não estamos entrando na sociedade de riscos em condições iguais. Não há igualdade nem fraternidade nesse quesito. Alguns estão mais expostos aos riscos do que outros. A localização da usina nuclear britânica Sellafield é um exemplo disso. Podemos falar também nos riscos associados aos diferentes processos de produção. Nesse sentido, a globalização ajudou a remover processos particularmente perigosos e poluentes para partes mais pobres do planeta, onde "empregos ruins" são aceitos por causa do desemprego.

A racionalidade matemática é um componente indispensável a todos os empreendimentos e tomadas de decisão de ordem tecnológica que integram nossa tecnonatureza. Isso mostra que a racionalidade matemática também pode ser uma racionalidade duvidosa. Contudo, não significa que a racionalidade necessariamente desencadeia problemas. Ela traz inovações importantes por um lado, mas, por outro, pode causar catástrofes. É uma racionalidade sem essência. É uma racionalidade indefinida. É uma racionalidade crítica. Ela pode atuar das duas maneiras.

Vou tentar delinear uma interpretação da matemática diferente daquela considerada pela concepção moderna. Vou apresentar uma concepção crítica ao relacionar a matemática com o discurso e o poder, e, então, discutir diferentes dimensões da matemática em ação. Nessas bases, formulo algumas preocupações com respeito à matemática e à educação matemática.

❏ *Matemática, discurso e poder*

Ao romper com a visão da modernidade, incluindo a celebração em torno do progresso gerado pela ciência, Michel Foucault abriu caminho para uma investigação sobre conhecimento e poder.[1] Ele abordou as noções de loucura, controle, o surgimento da clínica etc., e mostrou que a terminologia científica pode imprimir uma ordem sobre o fenômeno que deveria descrever. A linguagem científica em voga em uma dada época talvez não represente uma reflexão apropriada da realidade que supõe descrever. Ao contrário, aquilo que se considera como realidade pode refletir categorias arraigadas na linguagem de descrição, que assim se transforma em um instrumento contundente de prescrição e formatação. O poder pode ser exercido por meio da linguagem. Em suas pesquisas, Foucault, contudo, não analisou, com mais atenção, as ciências naturais, tampouco a matemática. Isso é curioso, visto que o complexo ciência-tecnologia é um forte exemplo da interação entre conhecimento e poder; e a matemática é um caso particularmente especial para se estudar isso.

O relativismo linguístico, formulado por Edward Sapir e Benjamin Lee Whorf, afirma que a linguagem não apenas descreve, mas também molda o que vivenciamos. A linguagem fornece uma gramática não apenas para o que dizer ou não dizer, mas também para o que ver e não ver. O relativismo linguístico está ligado à ideia de Immanuel Kant de que as coisas não são exatamente como as vivenciamos. Nossas experiências são estruturadas por categorias, que são projetadas sobre nossas experiências. De acordo com Kant, tais categorias são permanentes, mas, segundo o relativismo linguístico, essas categorias desenvolvem-se e incorporam-se na gramática básica da linguagem por processos históricos e culturais. As categorias básicas de nossos mundos-vida são fabricadas. Isso confere à linguagem uma posição crucial para o entendimento do que chamamos de realidade. A linguagem contribui para a formatação da realidade ao projetar crenças, categorias, premissas, metafísica,

---

1. Ver, por exemplo, Foucault (1989 e 1994). Ver também Valero (2009).

prioridades, concepções e mal-entendidos. E, retomando Foucault, podemos sustentar que também o discurso científico traz uma formatação por intermédio de seus "regimes de verdade".

A linguagem contém elementos de ação. Esse aspecto da linguagem foi proposto por John L. Austin e Ludwig Wittgenstein. Qualquer manifestação, afirmação, expressão, sentença, pergunta etc. contém atos. Assim, prometer algo é mais do que apenas dizer algo. Prometer significa fazer algo, e esse ato pode ser analisado em termos de seu conteúdo, força e efeitos. A dimensão locutória de uma promessa refere-se ao conteúdo do que é dito; por exemplo, eu posso prometer a um amigo visitá-lo amanhã. A força ilocutória refere-se ao elemento da promessa, que, nesse exemplo, é a obrigação implícita de cumprir a promessa. O efeito perlocutório refere-se às consequências que a promessa pode gerar: meu amigo pode ficar um pouco chateado em pensar que eu vá incomodá-lo amanhã. O ponto é que qualquer ato de fala apresenta todas essas três dimensões.

Se casarmos as duas ideias, isto é, de que a linguagem contribui para a formatação da realidade e que a linguagem contém ações, abre-se o caminho para uma interpretação performática da linguagem e da interação entre poder e linguagem – em particular com respeito à matemática. Muitas vezes, a matemática é apresentada como uma linguagem. Por exemplo, um dos pilares da matemática pura é ser vista como uma linguagem formal que atua sem referência a nada. Ela aparece como uma ferramenta neutra. Ver a matemática como uma linguagem pode, contudo, nos levar a um caminho completamente diferente quando nos atemos ao aspecto performático da linguagem. Esse aspecto pode ser encontrado, de fato, em todas as formas variantes de matemática: na engenharia, na economia, no dia a dia, nos diferentes contextos culturais, na pesquisa etc. Eu vou mostrar em que sentido podemos falar sobre *performances* baseadas em matemática e por esse caminho explorar sua concepção crítica.[2]

---

2. Para uma discussão sobre o relativismo linguístico e atos de fala como pontos de partida de uma interpretação performática da matemática, ver também Skovsmose (2009b).

❏ *Dimensões da matemática em ação*

Tentarei ser mais específico sobre aspectos performáticos da matemática ao passar em revista cinco aspectos da matemática em ação: (1) *Imaginação tecnológica*, que se refere à possibilidade de explorar possibilidades tecnológicas; (2) *Raciocínio hipotético*, que aborda as consequências de iniciativas e construções tecnológicas ainda não realizadas; (3) *Legitimação* ou *justificação*, que se refere à possibilidade de validar ações tecnológicas; (4) *Realização*, que acontece quando a matemática passa a fazer parte da realidade, por exemplo, por intermédio dos processos de projeto e construção; (5) *Dissolução da responsabilidade*, que se manifesta quando questões éticas relacionadas a ações feitas desaparecem.[3] Portanto, no que vem a seguir, vou me referir a certas formas de matemática aplicada.

Imaginação tecnológica

O desenvolvimento tecnológico baseia-se na imaginação. Isso se aplica a toda forma de projeto (seja de máquinas, objetos, ferramentas, esquemas produtivos etc.) e tomada de decisão (em gerenciamento, economia etc.). Em todas essas áreas encontramos imaginação tecnológica baseada em matemática.

Como exemplo emblemático de tal imaginação, pode-se pensar na invenção do computador. A concepção matemática, em termos de máquinas de Turing, foi investigada nos mínimos detalhes. Mesmo os limites técnicos do computador puderam ser desvendados antes

---

3. Apresentei aspectos da matemática em ação de várias maneiras – ver, por exemplo, Skovsmose (2005 e 2009b) – e ainda não me decidi sobre qual delas produz a visão mais adequada. Em colaboração com Ole Ravn (Christensen) e Keiko Yasukawa, tenho analisado vários exemplos de matemática em ação, exploramos diversos arcabouços conceituais para expressar a noção de *agência* com respeito à matemática. Ver, por exemplo, Christensen, Skovsmose e Yasukawa (2009). A apresentação que se segue baseia-se nesse esforço conjunto. Ver também Baber (2010); Jablonka (2010); e Ravn (2010).

da construção do primeiro modelo. As tecnologias da informação e da comunicação são profundamente enraizadas na imaginação baseada em matemática. Basta ver como as potencialidades da criptografia foram identificadas por meio de explicações teóricas que a matemática apresentou sobre as propriedades dos números. Essas potencialidades não poderiam ser conhecidas por uma criptografia de senso comum. Os métodos da matemática puseram a imaginação tecnológica em um novo patamar. Meu argumento geral é de que muitas inovações dependem totalmente da matemática. Não há comparação da imaginação amparada pela matemática com qualquer outra forma de imaginação.

Vamos considerar um exemplo do dia a dia em que a imaginação tecnológica amparada pela matemática é colocada em ação: a definição de preços. Vejamos, mais especificamente, o caso dos preços de passagens aéreas. Nesse ramo, encontramos muitos esquemas distintos. Sabe-se que as empresas praticam deliberadamente o *overbooking*. Mas isso é planejado com todo o cuidado, e essa técnica faz parte do esquema de definição de preços. Esse esquema requer um modelo matemático para funcionar. Muitas experiências são feitas antes de se decidir por uma política de preços definitiva. De fato, a definição de preços é um processo contínuo. Para se definir o grau de *overbooking* de um voo, deve-se recorrer a estatísticas de ausências de uma dada decolagem. (Ausência consiste no não comparecimento de um passageiro que havia comprado uma passagem.) O custo de se barrar um passageiro também deve ser levantado. (Barrar um passageiro significa não deixá-lo embarcar porque o voo já está cheio.) Um parâmetro importante na elaboração de uma política de *overbooking* é a capacidade de se prever o não comparecimento de um passageiro para uma dada decolagem. Essa previsibilidade pode ser melhorada quando tipos de passagens são agrupados de acordo com diferentes condições, por exemplo, levando-se em conta a possibilidade de trocas. A política de *overbooking* pode ser testada matematicamente, até que se descubra um modo de maximizar os lucros.

Simulações e tomadas de decisão como essas acontecem todo o tempo nos mais variados ramos de negócios, em vendas, em planejamento de produção, em grandes empresas, em pequenas empresas, em todos os agentes econômicos da sociedade. Uma clara noção da definição de preços apoiada em modelos matemáticos pode ser encontrada, por exemplo, folheando-se um jornal como a *Folha de S.Paulo*, prestando-se atenção às ofertas de serviços de telefonia móvel. Os preços não aparecem explicitamente, devido, entre outros fatores, aos sofisticados esquemas de planos de pagamento. Esse tipo de tarifação é uma expressão evidente da imaginação tecnológica apoiada em matemática, e os efeitos dessa imaginação estão presentes em nosso dia a dia.

Raciocínio hipotético

O raciocínio hipotético é algo que não se realiza. Ele é da forma "se p então q, embora p não aconteça". Esse tipo de raciocínio é essencial em todo tipo de projeto tecnológico, bem como em nossas decisões diárias.

Se p acontecesse, quais seriam as consequências? É importante pensar bem a respeito antes de tentar fazer p acontecer. A fim de destrinchar um raciocínio hipotético, a matemática é essencial. Podemos pensar em decisões como: Devemos comprar um refrigerador de baixo consumo? Devemos comprar um modelo mais caro? Ou devemos continuar com o velho refrigerador por mais um ano? O que fazer? Como comparar as implicações de cada escolha? Pode-se fazer uma planilha de custos... A abordagem adotada em questões domésticas não fica muito distante das tomadas de decisão de maior porte, a diferença é que, nos casos complexos, o raciocínio hipotético normalmente emprega modelos matemáticos mais sofisticados.

O modelo matemático serve para representar uma suposição, p, que pode se referir a qualquer forma de projeto, construção ou tomada de decisão de natureza tecnológica. A representação matemática da situação hipotética p será chamada Mp. Por meio da análise de Mp, tenta-se combater as implicações de p. Contudo, as implicações que são identificadas ao se investigar Mp não são implicações da vida real;

são apenas *calculadas*. E as diferenças entre as implicações calculadas e as implicações reais não são óbvias. Essa característica está presente em toda iniciativa de ordem econômica, e em toda obra de engenharia. Os cálculos baseiam-se em modelos para estabelecer estimativas dos efeitos das ações ainda não realizadas. Por exemplo, a estabilidade de um novo avião é cuidadosamente modelada e prevista muito antes de qualquer protótipo alçar voo. Em muitos casos, parece que a matemática é o único caminho para investigar detalhes de projetos ainda no papel.

Temos aqui um exemplo de como surgem os riscos. Quando identificamos as implicações de certa ação por meio de modelos matemáticos, sempre há um risco de que algum aspecto tenha sido negligenciado. Na verdade, alguns aspectos menores são mesmo ignorados, uma vez que a matemática não serve para representar todas as facetas da realidade. A similaridade entre a situação hipotética p e sua representação matemática Mp nunca é perfeita. É certo que o projeto tecnológico final, após sua execução, terá diferenças em relação ao modelo que permitiu realizá-lo.

O raciocínio hipotético apoiado na matemática é formulado dentro de certo espaço lógico criado por ela, portanto apenas certo espaço de consequências é considerado. O *ponto cego* de um raciocínio hipotético apoiado em matemática pode ser, na verdade, uma tremenda *região cega*. A ascensão da sociedade de risco está relacionada com essa região. Boa parte das tomadas de decisão no setor financeiro baseia-se em cuidadosas estimativas de risco, que evoluíram e se transformaram em uma especialidade matemática avançada. Mas, exatamente por ser de natureza matemática, as estimativas de risco contêm largas regiões cegas, o que cria um solo fértil para crises econômicas.

Legitimação ou justificação

As noções de legitimação e justificação são diferentes. De acordo com uma perspectiva filosófica tradicional, justificação consiste em apoiar logicamente, de maneira apropriada e genuína, uma afirmação, uma decisão ou uma ação. Naturalmente, não é fácil definir o que é apropriado e genuíno, e nem mesmo o que é lógico, mas a noção de justificação carreia a premissa de que, até certo grau, houve uma honestidade lógica envolvida. A noção de legitimação não inclui essa premissa. Pode-se tentar legitimar uma ação ao apresentar alguma forma de argumentação, mas sem se preocupar com o aspecto lógico. Tentar legitimar uma ação, na verdade, é tentar fazer parecer *como se* ela estivesse justificada. Em geral, uma legitimação é uma justificação *como se*.

Contudo, somente no âmbito de um arcabouço filosófico idealizado, é possível distinguir entre legitimação e justificação. A matemática pode embaçar essa distinção. Quando um modelo matemático faz parte de uma discussão, ele pode servir tanto para legitimar quanto para justificar um ponto de vista. Tem-se dito que no caso de grandes obras de engenharia, como pontes, os modelos matemáticos contribuem na análise dos efeitos daquela obra, por exemplo, no tocante ao impacto ambiental. Contudo, nessas tomadas de decisão frequentemente apenas modelos são empregados. Em alguns casos, parece que o modelo serve ao único propósito de legitimar uma decisão já tomada. O modelo matemático permite descrever matematicamente a obra em termos de Mp, e os efeitos da finalização da ponte são conhecidos mediante a análise de Mp. Esses efeitos, no entanto, não precisam refletir de fato as consequências reais. Por exemplo, o modelo matemático pode ser apresentado de tal forma que as implicações ambientais calculadas sempre se mostram dentro de certa faixa aceitável. A lacuna entre o que foi calculado e o que de fato vai acontecer pode ser enorme. Mas o modelo já cumpriu o seu papel de legitimar a obra, que não pode mais ser desfeita.

Em muitos casos, as análises matemáticas são a única opção disponível. A matemática estabelece um meio de justificação (e legitimação) que é único. É o que se vê no caso da estabilidade de aeronaves, que não pode ser justificada de nenhuma outra maneira. Uma vez que a matemática proporciona um espaço exclusivo para a imaginação tecnológica, esta, apoiada na matemática, também pode estabelecer um espaço exclusivo de legitimação e justificação.

Realização

Um modelo matemático pode se tornar parte do ambiente que nos cerca. Esse é o exemplo mais direto da afirmação que fiz anteriormente sobre atos da fala e do discurso. Uma linguagem não é simplesmente uma ferramenta descritiva: ela também contém *performances*. Nosso mundo-vida é formado por categorias e discursos, muitos dos quais se realizam pela matemática em ação.

Tecnologia não é algo *adicional* que podemos pôr de lado, como se fosse uma peça, um martelo. Nós vivemos em um ambiente tecnologicamente estruturado, uma tecnonatureza. Nosso mundo-vida situa-se nessa tecnonatureza, e nós sequer conseguimos imaginar esse ambiente sem a tecnologia. Tente removê-la, parte por parte. Primeiro eliminaríamos os computadores, a máquina de café, os jornais, as casas, os carros, as pontes, as ruas, os sapatos. Não temos a menor ideia de que tipo de mundo-vida seria esse se continuássemos removendo coisas. Nesse sentido, nosso mundo-vida está imerso na tecnonatureza.

A matemática é parte integrante tanto da tecnonatureza quanto do mundo-vida. Isso se comprova pelo fato de que todas as coisas mencionadas: máquina de café, refrigerador, aparelho de TV, telefone, remédios, jornais, carros, pontes, ruas, sapatos são resultado de processos repletos de matemática. Mas não apenas os objetos que fazem parte de nossa tecnonatureza são formatados pela matemática, existem as ações também. A matemática cria rotinas. Uma viagem de negócios serve mais uma vez de exemplo. Quando compro uma passagem, o funcionário da agência de viagem consegue facilmente fornecer informações sobre preços e horários. Todo o gerenciamento de informações é parte da rotina da agência. Mais que isso, boa parte da informação está disponível na internet, o que possibilita providenciar a compra sem sair de casa. Em todos esses casos, os procedimentos são definidos por algoritmos computacionais.

A medicina é outro ramo em que as rotinas de origem matemática se estabeleceram. Nessa atividade, muitas rotinas para diagnóstico baseiam-se em exames e índices. O diagnóstico e o tratamento dependem do desvio em relação à norma de certos parâmetros (como o nível de colesterol e a pressão sanguínea, por exemplo). Padronizam-se os critérios para tomada de decisões e os procedimentos, garantindo a eficiência do tratamento. Ao mesmo tempo, os procedimentos trazem novos riscos, uma vez que podem não se aplicar em todos os casos.

Dissolução da responsabilidade

Em ações apoiadas em matemática pode-se identificar uma dissolução de responsabilidade. Vamos considerar mais uma vez o exemplo da agência de viagem. O funcionário pode dizer ao cliente o preço da passagem e a disponibilidade de vagas em certas datas. O funcionário não pode vender uma passagem se não houver vaga. Mesmo que o cliente pudesse comprovar que a viagem é de extrema importância, o funcionário não teria o que fazer. Ele está isento das ações do sistema computacional, assim como não é responsável pelo preço da passagem, condições de pagamento ou por qualquer coisa que parta de procedimentos definidos algoritmicamente.

Alguém poderia perguntar: quem é o responsável pelas ações executadas pelo computador? De certa forma, tudo se passa como se a responsabilidade sumisse do mapa. O responsável não seria o funcionário, que se limita a usar o modelo. Nem seria o modelo em si. A matemática, então, não poderia ser, mesmo que ela atuasse na situação. Mas, não poderíamos, pelo menos, atribuir responsabilidade a uma maneira de pensar? As pessoas que ordenaram a adoção do modelo seriam ou não seriam responsáveis?

Chamo a atenção para o fato de que ações baseadas em matemática naturalmente parecem acontecer em um vácuo ético. Ações normalmente são associadas a um sujeito agente. Contudo, a matemática em ação parece funcionar sem um sujeito. E quando o sujeito agente desaparece, a noção de responsabilidade não existe mais. Ações baseadas em matemática parecem ser as únicas ações relevantes na situação. Elas parecem ter sido determinadas por uma autoridade *objetiva*, uma vez que a matemática tornou-as necessárias.

Dessa forma, a eliminação da responsabilidade deve fazer parte das *performances* matemáticas, que, por sua vez, participam da dinâmica entre conhecimento e poder.

❏ **Maravilhas, horrores e reflexões**

A matemática em ação pode assumir muitas formas. Maravilhas podem ser associadas à matemática em ação, e a pesquisa médica traz muitos exemplos disso. De fato, é difícil conceber qualquer forma de pesquisa médica sem a matemática. É possível também lembrar horrores realizados com a matemática. Ações militares não poderiam ser executadas. Reestruturações financeiras que culminam na demissão de trabalhadores são efetivadas com a matemática. Pode-se objetar que é injusto associar a matemática a horrores lembrando apenas o uso militar, ao passo que alguém pode considerar o militarismo algo importante para a segurança do país. Pode-se argumentar que a demissão de pessoas faz parte do aprimoramento da eficiência produtiva, que é necessária para o bem-estar geral.

Isso nos leva à constatação de que a dicotomia *maravilhas-horrores* com respeito à matemática em ação pode não ser mesmo relevante. Talvez fosse melhor reconhecer que é muito difícil estabelecer um esquema coerente para avaliar a matemática em ação. Assim como outras formas de ação, a matemática em ação pode levar a consequências diversas, cuja avaliação pode variar conforme a percepção e o contexto. Isso nos remete à concepção crítica de matemática. Ela representa uma racionalidade que pode ser empregada para todo tipo de fim. Não há uma essência na matemática. A matemática em ação pode atender a qualquer interesse. Em decorrência disso, ela precisa de reflexões. Tais reflexões devem ser conduzidas tendo em vista todas as particularidades da ação, incluindo o contexto. Se considerarmos uma noção mais ampla de ética, podemos falar também de uma demanda ética associada à concepção crítica de matemática.

Assim como os adeptos da concepção moderna de matemática, os que advogam a concepção crítica reconhecem que a matemática atua em uma gama de disciplinas científicas. Porém, na perspectiva crítica, não há uma exaltação por essa participação da matemática em tais disciplinas. Como qualquer linguagem, a matemática carreia um conjunto de premissas metafísicas e, por exemplo, favorece a visão mecanicista. Dessa forma, os discursos matemáticos podem fornecer uma formatação dos discursos científicos que necessitam passar por um exame crítico.

A concepção moderna de matemática parece dispensar reflexões com respeito à tecnologia, devido à confiança gratuita na ideia de que a presença da matemática é garantia de progresso. A discussão sobre a matemática em ação conduz a um tipo diferente de conclusão. A matemática é uma parte integrante de diferentes modos de formatação de nosso ambiente e de nossa tecnonatureza, mas tal formatação não é certeza de uma melhoria automática das circunstâncias. A tecnologia causa impacto em todos os aspectos da vida. Ela traz mudanças, mas a tecnonatureza não tem evoluído em nenhum critério de progresso, e não há nada de natural a respeito desse crescimento.

A concepção moderna de matemática considera a matemática como uma racionalidade pura. Isso significa que a matemática pode ser objeto de reflexão, uma forma sublime de pensamento crítico. Porém, estudando a matemática em ação, percebemos a necessidade de abordar a racionalidade matemática de maneira crítica. A condição de disciplina pura perde o sentido. Matemática em ação significa ação, e, como qualquer forma de ação, requer reflexão. Ações podem ser perigosas, corajosas, arriscadas, inofensivas, benevolentes, meritórias etc. E, do mesmo modo, ações baseadas em matemática também podem ser assim. A reflexão crítica é necessária, e uma demanda ética passa a ser um desafio importante para tudo o que se refere à matemática.

6

REFLEXÃO

As sociedades atuais têm muitos processos, cujas consequências voltam-se contra a própria sociedade. A título de ilustração, pode-se pensar na indústria automobilística. Seu fim maior é produzir automóveis, vendê-los e ter lucro com isso. A indústria automobilística passa por fases de crescimento e de estagnação. Tais observações dizem respeito à faceta explícita da produção de automóveis. Porém, há também uma faceta implícita. Automóveis demandam recursos, o que cria uma competição. Considere o caso do petróleo, e dos conflitos internacionais que decorrem da disputa por esse minério. A poluição é outro exemplo de produção implícita gerada pela indústria automobilística; as estradas e os acidentes que nelas ocorrem, também. A questão é que a produção implícita é parte integrante do esquema total de produção.

Pode parecer simplista demais, contudo, tentar separar as produções explícita e implícita. É preciso levar em conta todos os aspectos da produção – os pretendidos e os não pretendidos – se queremos realizar uma reflexão sobre a indústria de automóveis. Isso se aplica a qualquer forma de produção em nossa sociedade, seja de natureza econômica, política ou tecnológica. Precisamos refletir sobre os aspectos de toda forma de ação, inclusive seus efeitos sobre a sociedade. Isso estabelece uma concepção ampla de reflexão, que considero importante para o entendimento da matemática em ação. De fato, a matemática em ação faz parte desses diferentes processos que carreiam implicações propositais e não propositais. A demanda ética, como mencionada no capítulo anterior, espelha a necessidade de reflexão com respeito a todos os tipos de processos sociais, e ainda mais especialmente àqueles de que faz parte a matemática em ação.

Reflexões têm a ver com o julgamento de ações. (Pode-se refletir também sobre descrições, sentenças, teorias etc., mas vou me restringir aqui às ações.) Reflexões podem estar associadas a profundas considerações éticas com respeito a ações e, dessa forma, podem ganhar uma conotação filosófica. Entretanto, também cabe conceber a reflexão como algo do dia a dia, o simples ato de voltar o pensamento para as ações que se faz. A lida diária exige muitas tomadas de decisão e muitas ações e, assim, está repleta de reflexões.

A reflexão é importante na educação. Tudo o que pode ser ensinado e aprendido pode ser submetido à reflexão. Os alunos podem ponderar sobre o que eles estão fazendo na escola: Faz sentido o que o professor fala? O que acontece se não fizermos nosso dever de casa? Se o professor pedir para formar equipes, eu vou querer estar no mesmo grupo de Pedro? Eu vou sofrer *bullying* no próximo recreio? O professor, por sua vez, pode se preocupar com o andamento das atividades: Os alunos estão engajados? O Miguel vai aprontar de novo? Vou conseguir preparar a próxima aula no feriado?

Pretendo empregar uma noção de reflexão que contemple aspectos diversos. (Por isso considero extremamente limitada a noção de reflexão que se vê na contribuição de Piaget à educação matemática moderna.) Eu quero contemplar as dimensões sociais e políticas da reflexão, como já fiz na passagem sobre a indústria automobilística. Vou enfatizar aqui como a reflexão pode se tornar uma expressão de preocupações éticas e ser parte integrante de atividades cotidianas. Com isso em mente, vou discutir a reflexão com respeito à aprendizagem de matemática. Estou ciente de que há muitas concepções distintas interligadas que devem ser consideradas. Reflexão é uma ideia que não se deixa capturar por definições simplistas, mas é preciso realizar um esforço de entendimento a respeito dessa ideia para conseguirmos entender algumas preocupações da educação matemática crítica. E esse é um bom momento para explorarmos alguns exemplos. Com eles, tentarei ilustrar o que significaria refletir *sobre* a matemática, *com* a matemática, e *por meio* de questões matemáticas.

❏ *Reflexões sobre a matemática*

Reflexões podem se ocupar das ações que envolvem matemática. Como exemplo, cito o Projeto Ameaça nos Números (*Terrible Small Numbers*), voltado para a noção de risco.[1] Há naturalmente muitas maneiras diferentes de se criar um contexto para a discussão sobre riscos, e nesse projeto o tópico principal foi a contaminação de ovos por salmonela. A razão disso foi que o tema estava em pauta na Dinamarca na época em que o projeto foi realizado. Muitas pessoas ficaram seriamente doentes, e houve até mesmo uma morte.

Nós testamos o projeto com diferentes equipes de alunos (com idades entre 12 e 15 anos). Passo a fazer uma apresentação geral do trabalho. Um princípio fundamental da proposta era possibilitar aos alunos vivenciar uma situação em que a matemática é acionada e, depois, refletir sobre a experiência. Procuramos criar uma situação em que os alunos fossem confrontados com questões como: Podemos confiar nos dados obtidos por amostras para tirar conclusões sobre toda a população? O que significa tomar decisões baseadas em gráficos e números?

---

1. O projeto contou com a colaboração de Helle Alrø, Morten Blomhøj, Henning Bødtkjer e Mikael Skånstrøm. Uma descrição do projeto pode ser encontrada em Alrø e Skovsmose (2002). Em Skovsmose (2006a), há um apanhado do projeto com ênfase na noção de reflexão. Ver também Skovsmose (2007b).

Parte da preparação do projeto envolveu a discussão de como representar ovos. A sugestão de Henning Bødtkjer, um dos professores participantes, foi de que poderíamos usar embalagens vazias de filmes fotográficos, aquelas pretas, cilíndricas e com tampa, como ovos. Seria fácil abrir algumas delas e conferir seu conteúdo para determinar se estariam contaminadas ou não. No primeiro dia do projeto, todos os ovos foram trazidos para a sala de aula num carrinho de mão. Foi fácil recolher embalagens vazias em empresas de revelação de fotos (talvez hoje fosse mais difícil devido à ascensão da fotografia digital). A primeira população de ovos continha 500 exemplares, dos quais 50 eram infectados por salmonela. Todos os alunos estavam cientes desse fato. Os 450 ovos saudáveis continham um plástico amarelo, representando uma gema normal, enquanto os 50 ovos restantes continham um plástico azul, indicando a infecção por salmonela.

Os alunos trabalhavam em equipes, e sua primeira tarefa era escolher uma amostra de dez ovos no carrinho. Essa é a quantidade de ovos que se costuma encontrar nas caixas de ovos dos supermercados dinamarqueses. A seguir, os alunos conferiam o estado dos ovos e registravam o número de ovos infectados. Então, eles repetiam essa operação algumas vezes a fim de ter uma base de dados empíricos. Alguns alunos tinham a expectativa de que apenas um ovo estaria contaminado em cada amostra. Como eles acabaram descobrindo, contudo, nem sempre isso acontecia. Eles entenderam que uma amostra nem sempre revela a verdade sobre a população de que é tirada. Agregando todas as medições, ficou claro que menos da metade das amostras continha exatamente um ovo contaminado. Os alunos tentaram encontrar explicações para esse fato. Será que os ovos no carrinho não foram embaralhados corretamente? Está certo deduzir que se os ovos estivessem bem misturados, as amostras então teriam exatamente um ovo ruim? Ou as amostras são indicadores imperfeitos das propriedades de uma população?

Tais ponderações conduzem naturalmente a um problema mais profundo. Em quase todas as situações da vida real, tudo o que sabemos sobre uma determinada população nos é revelado por meio de amostragens. Isso se aplica, por exemplo, a todas as formas de controle de qualidade de produtos. Dessa forma, o projeto proporcionou uma oportunidade de se discutir a confiabilidade das amostras, das técnicas estatísticas e das informações obtidas com números. Ao mesmo tempo, ficou claro que não há substituto para a técnica de amostragem. Assim, cabe a nós lidar da melhor maneira possível com esse tipo de informação (mais ou menos confiável).

A discussão sobre confiabilidade foi o primeiro passo no estudo da matemática em ação. O passo seguinte foi levar os alunos a tomarem decisões com base nesses números. Nessa parte do projeto, dois carrinhos de mão foram trazidos até a sala de aula. Cada carrinho continha uma coleção de ovos: uma originária da Grécia e outra da Espanha. Cada grupo deveria fazer de conta que era uma empresa importadora de ovos, e eles deveriam decidir de qual país comprar os ovos, Grécia ou Espanha. Ambos os países possuíam ovos contaminados em sua produção, mas em proporções diferentes. O grau de contaminação de cada país era desconhecido para os alunos e também para o professor, que preparou os carrinhos aleatoriamente.

Os alunos foram informados das condições econômicas. Os preços dos ovos eram os mesmos, algo em torno de 0,50 coroa dinamarquesa (DKr) por ovo. O preço de venda também seria o mesmo, 1,00 DKr por ovo. O controle de infecção era caro, examinar um ovo custava 10,00 DKr. Além disso, os ovos examinados eram perdidos. Por isso, não seria possível conferir a população inteira de ovos; não sobraria nenhum. Os alunos precisavam criar um procedimento para decidir de quem comprar, e compor o orçamento de todo o negócio, incluindo a quantidade de ovos que eles deveriam adquirir e a quantidade que deveriam testar. Em resumo, eles tinham que bolar uma maneira de tomar decisões e, assim, vivenciar a matemática em ação.

As equipes encontraram um dilema. Por um lado, elas poderiam caprichar no controle de qualidade para ter certeza de que estariam importando os melhores ovos, mas, desse modo, elas reduziriam sua margem de lucro em virtude do custo do procedimento. Por outro lado, elas poderiam baratear ao máximo o processo de exame dos ovos, mas isso poderia tornar suas decisões mais incertas. Esse dilema está presente em quase todo tipo de tomada de decisão amparada em matemática. Todo tipo de controle de qualidade é custoso, portanto, quanto mais confiável se pretende ser a decisão, menos rentável o negócio deve se tornar. Isso nos leva a uma discussão mais ampla sobre a responsabilidade de quem toma decisões em situações como essas.

Penso que as questões da confiabilidade e da responsabilidade são, em geral, significativas para a reflexão da matemática em ação. Elas ajudam a introduzir a perspectiva ética na ação da matemática.

Reflexões podem ser feitas sobre todos os aspectos já mencionados da matemática em ação. Nesse sentido, pode-se refletir sobre a natureza da imaginação tecnológica amparada em matemática tendo em vista questões específicas. Como explicado previamente, essa imaginação pode gerar novas diretrizes de negócio e novos esquemas para a definição de preços e condições de pagamento. Ela pode viabilizar ações que, de outra forma, não seriam possíveis. Mas, quais são os prós e os contras de se adotar uma imaginação construída sobre bases *matemáticas*? Pode-se refletir sobre o raciocínio hipotético que é feito com modelos matemáticos. Há vantagens advindas da facilidade de se estabelecer um raio X da situação, mas há também as ameaças. Pode-se pensar sobre a formatação legitimadora ou justificadora de certas ações e decisões feitas com a matemática em vista. Pode-se analisar o que se faz por intermédio da matemática. E pode-se ponderar sobre até que ponto a ilusão da objetividade proporciona certa dissolução da responsabilidade. Todos os aspectos da matemática em ação podem ser avaliados à luz da reflexão. Isso se aplica a todas as diferentes formas de matemática que alguém possa imaginar, inclusive às variações etnomatemáticas.

❏ *Reflexões com matemática*

Mesmo que seja duvidosa às vezes, a racionalidade matemática continua sendo *racionalidade*. Apesar de não faltarem motivos para se refletir sobre a matemática, refletir com ela ainda é uma atividade crucial.

Voltemos ao exemplo dos exames de raio X das partidas de futebol. É bem capaz que tais análises contribuam para a identificação daquilo em que o time foi bem e daquilo em que precisa melhorar. Está claro também que um raio X de natureza matemática deixa de fora muita coisa que acontece no jogo. O jogo fica sem corpo e alma quando submetido a uma avaliação de raio X como essa. Tal afirmação não se restringe apenas a partidas de futebol, mas a toda forma de raio X matemático. Ainda assim, ele pode ser muito útil.

Como parte do Projeto Planejamento Urbano, mencionado em capítulos anteriores, foi divulgado o dado de que apenas 53% da água fornecida pelo sistema de abastecimento de Rio Claro (SP) foram registrados pelos contadores nas casas dos consumidores.[2] Ou seja, há um grande desperdício de água no sistema. Dizer isso verbalmente tem um efeito, mas dizer isso na forma de números leva-nos a reflexões muito mais sistemáticas sobre a eficiência da distribuição de água. Pode-se questionar, de início, se o dado está correto. Como a quantidade entregue e a quantidade recebida foram calculadas de fato? Há consumidores que estão fora do sistema de medição? Pode-se pensar em maneiras de identificar a causa do problema. Existem formas de desviar água do sistema sem ser percebido? Há vazamentos nos canos de distribuição? Há como medir o fornecimento separadamente por bairros? Será que a perda de água está relacionada com a idade do sistema, que pode variar de um bairro para o outro? Pode-se, ainda, especular sobre maneiras de melhorar o sistema. Qual é o grau máximo de eficiência possível que pode se obter no sistema (considerando que o sistema perfeito — isto é, com eficiência de 100% — é impossível na prática)? Como isso se dá em outras cidades? Tendo a estimativa do grau de eficiência máximo, pode-se calcular o prejuízo anual com a ineficiência de 53%. Esse custo pode ser comparado com os custos de manutenção e reparo.

Todas essas reflexões podem ser levadas adiante, e a principal conclusão do trabalho de Denival Biotto Filho no Projeto Planejamento Urbano é de que a matemática é uma ferramenta importante na formulação, no aprofundamento e no detalhamento de uma gama de reflexões de ordem econômica, política e social. É possível fazer

---

2. Ver Biotto Filho (2008).

reflexões *com* a matemática, e, em muitos casos, a matemática é uma ferramenta que reforça as reflexões.

Pode-se chegar a uma conclusão parecida a partir do Projeto Energia, mencionado no Capítulo 1. Nesse projeto, foi possível discutir o consumo de energia. A transformação de cevada em carne, por exemplo, gerava perdas de energia, ou custos, que ficaram evidentes com base em cálculos matemáticos. A precisão dos cálculos de custos não é o mais importante; o ponto é a própria ideia de se pensar nos custos em qualquer forma de transformação de energia. Se a argumentação sobre os custos de energia fosse feita sem o recurso da matemática, perderia parte da força. A matemática não estava ali para garantir a veracidade das conclusões, até porque as taxas de perda obtidas pelos alunos foram comparadas com resultados de pesquisas. O ponto era justamente, por meio dessas comparações, obrigar os alunos a refletir sobre as incertezas presentes em seus procedimentos. Isso lhes abriu uma oportunidade para ponderar sobre os tipos de incertezas presentes nas pesquisas agrícolas em geral.

❑ *Reflexões por intermédio de investigações matemáticas*

Os diferentes *milieus* de aprendizagem, como mostrados na Tabela 2, possibilitam diferentes formas de reflexão. Enquanto o paradigma de exercícios impõe instruções fechadas do que fazer e como fazer, cenários para investigação abrem espaço para se investigar. Naturalmente, pode-se refletir resolvendo-se exercícios: Os resultados estão corretos? Era esse exercício mesmo que deveria ser feito? Eu apliquei os procedimentos corretamente? etc. Essas reflexões ficam circunscritas a um espaço limitado devido à mecânica de resolução dos exercícios. Contudo, as investigações nunca podem ser prescritas com muitos detalhes. Faz parte da ideia de investigação certa liberdade, e isso incentiva de várias maneiras a reflexão.

Consideremos um exemplo, já mencionado, relativo a *milieus* do tipo 2. Conduzir uma investigação matemática a respeito dos gráficos de funções da forma

$$F(x) = \frac{(ax^2 + bc + c)}{(dx^2 + ex + f)}$$

exige reflexões. Pode-se entender as características dos gráficos com base nas assíntotas? Como relacionar os diferentes comportamentos das assíntotas com as combinações de valores dos parâmetros? Seria mais fácil descobrir o comportamento das assíntotas se as funções fossem escritas no formato abaixo?

$$F(x) = \frac{(ax + b)(cx + d)}{(ex + f)(gx + h)}$$

Ou o melhor ponto de partida seria a outra forma?

$$F(x) = \frac{(x - a)(x - b)}{(x - c)(x - d)}$$

De fato, parece impossível separar investigações matemáticas e reflexão matemática.

O Projeto Caixas de Caramelo ilustra o tipo de incentivo às reflexões que o *milieu* de aprendizagem do tipo (4) pode proporcionar. Em *milieus* desse tipo, há referências a fatos não matemáticos, e isso amplia o escopo das reflexões.[3] O trabalho consistia em projetar caixas para caramelos em várias quantidades. Para isso, era preciso explorar a relação entre o fator de comprimento c, o fator de área a, e o volume v, para diferentes caixas de mesma proporção. As principais propriedades dessas relações não foram apresentadas de início para os alunos, mas elas aparecem naturalmente no trabalho com projeto das caixas. Pediu-se aos alunos que projetassem uma caixa na qual

---

3. O Projeto Caixas de Caramelo é descrito em Alrø e Skovsmose (2002). A breve apresentação que é feita aqui baseia-se no resumo do projeto em Skovsmose (2006a).

coubesse duas vezes mais caramelos do que uma caixa que lhes foi dada. Seria preciso dobrar o tamanho da folha de papel? O que aconteceria se se dobrasse o comprimento de todos os lados da caixa? Parte do projeto era incentivar os alunos a pensar sobre essas questões na expectativa de que eles naturalmente chegassem à conclusão que, se a razão entre lados de caixas diferentes fosse l, então a razão entre as áreas das caixas seria l^2, e entre os volumes seria l^3.

O projeto convidava os alunos a refletir sobre propriedades matemáticas e abordar diferentes aspectos sobre proporcionalidade. No projeto, há menções a caramelos e caixas, embora num contexto de semirrealidade, e essas referências abrem caminho para reflexões de outras naturezas. A indústria de embalagens é muito forte, e questões ambientais podem emergir. Pode-se escolher uma forma para as caixas de modo a minimizar a quantidade usada, sem comprometer a capacidade volumétrica.

Retomemos o Projeto Energia para ilustrar um *milieu* do tipo (6). Esse projeto proporcionou uma base ampla de dados para se refletir sobre o consumo de energia, e também evidencia a conexão próxima entre investigação e reflexão. Um dos problemas propostos pelo projeto era calcular a área frontal de um ciclista. Mas como fazer isso? Cada aluno tinha que pregar uma cartolina de 1 dm^2 com dois grampos sobre a blusa, antes de pedalar na direção da câmera. Tirava-se, então, uma foto e, como indicado na Figura 6, o quadrado de 1 dm^2 era facilmente identificado.

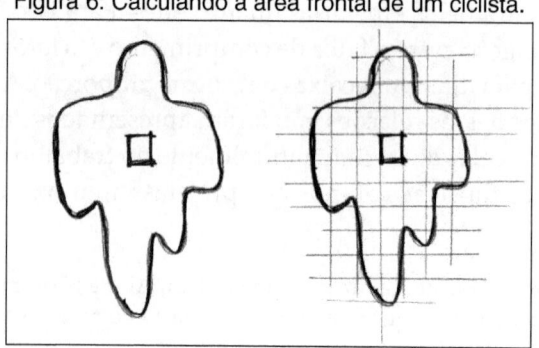

Figura 6: Calculando a área frontal de um ciclista.

Os alunos, em seguida, quadriculavam toda a imagem, e, com isso, conseguiam estimar razoavelmente bem a área frontal. A estimativa obtida dessa área a podia então ser empregada no cálculo da resistência aerodinâmica na bicicleta, r, por meio da fórmula:

$$r = c_1 a v^2 + c_2$$

em que r refere-se à *resistência aerodinâmica da bicicleta e ciclista*, a refere-se à área frontal do ciclista, v é a velocidade, e c_1 e c_2 são constantes que dependem do tipo de bicicleta (normal, para esportes ou para corrida). A resistência aerodinâmica, r, integra outras fórmulas usadas para se determinar a quantidade de energia consumida em algumas voltas de bicicleta.[4]

O fato de que os diferentes *milieus* de aprendizagem proporcionam diferentes possibilidades de reflexão tem a ver com os padrões de comunicação relacionados com os diferentes *milieus*. Em *Diálogos e aprendizagem em educação matemática*, Helle Alrø e eu discutimos a relação entre comunicação e investigação. Descobrimos que processos de investigação estão intimamente ligados a processos dialógicos.[5] Em geral, constatamos que cenários para investigação incentivam o diálogo, embora não haja garantias de que o diálogo efetivamente aconteça. Em especial, consideramos que reflexões precisam de diálogo. Com base em nossas observações no Projeto Caixas de Caramelo, descobrimos que o diálogo, incluindo questões de desafio, é importante para provocar e facilitar as reflexões. Reflexões podem ser mais um sinal de interação do que de processos individuais. Não estamos dizendo que não existem reflexões de ordem individual, mas, a fim de abordar questões profundas referentes à matemática e à matemática em ação, o diálogo parece ser relevante.

---

4. Mais detalhes sobre os cálculos podem ser encontrados em Skovsmose (1994).
5. As ideias aproximam-se por meio do Modelo de Cooperação Investigativa. Para outras discussões sobre comunicação e diálogo, ver também Alrø e Johnsen-Høines (2010) e Planas e Civil (2010).

7

MATEMACIA EM UM MUNDO GLOBALIZADO E GUETIZADO

Globalização é um termo popular, embora a globalização em si esteja longe de ser um fenômeno popular. Globalização seria uma nova ordem de dominação e exploração de alcance global. Ou, então, uma rede de linhas de produção que começa em regiões de pobreza, onde a mão de obra em geral é barata, e termina nas áreas de consumo dos produtos. Processos de globalização significam incluir (alguns grupos) e excluir (outros grupos). Por isso, considero a guetização como parte da globalização.

A globalização é interpretada muitas vezes como preocupação com os outros por meio de novas formas de comunicação. Notícias circulam instantaneamente e logo ficamos informados de graves problemas que acontecem ao redor do planeta. Pela internet, é possível enviar opiniões e comentários, o que tem restringido o poder de governos autoritários em controlar o que a população sabe ou não sabe. O fluxo universal de informação torna universais várias questões. Isso não se resume a conflitos globais, mas a eventos esportivos e ao entretenimento.

Moedas fortes circulam por conta de tais eventos, e a globalização (sempre atrelada à guetização), para mim, refere-se a trocas profundamente enraizadas no âmbito econômico e no âmbito cultural, o que torna impraticável barrar a globalização. Os processos de globalização não são decididos nos fóruns governamentais e parlamentares onde decisões políticas acontecem. Processos de globalização são fortes, mas não são governados por instituições políticas. Eles operam com uma lógica própria e são reflexo da combinação entre desenvolvimento tecnológico e interesses econômicos, políticos e militares.

Embora eu compreenda a globalização como um processo determinador, isto é, que se sobrepõe às dinâmicas de outros parâmetros de desenvolvimento sociopolítico, não a vejo como um processo predeterminado. Não é como uma locomotiva nos trilhos. Ao contrário: a globalização traz certas propensões, que podem se desdobrar e ser retrabalhadas de muitas maneiras. Há tendências diversas, muitas vezes contraditórias, presentes nos processos de globalização. A complexidade pode ser tal que se torna impossível capturar sua dinâmica com base em conceitos teóricos existentes. Quando surge uma complexidade que ultrapassa, e muito, as construções conceituais e os princípios teóricos da teorização social, eu a trato como um acontecimento.[1] Pessoas que vivem um acontecimento não têm como entender ou predizer o que vai se passar. A lógica dos mecanismos que operam no fenômeno em curso mostra-se muito mais complexa do que é capaz de lidar uma lógica estabelecida por construções teóricas. Nesse sentido, a globalização é para mim um acontecimento em escala mundial.

❏ *Educação matemática em escala mundial*

Conhecimento e informação têm sido considerados como recursos fundamentais para a economia baseada na informação. De

---

1. Discuto "acontecimento" (*happening*) com respeito à teorização social em Skovsmose (2005).

acordo com a teoria econômica clássica, produtividade é função de duas variáveis: trabalho e capital. Mas, de acordo com as premissas da economia baseada na informação, o conhecimento em suas várias formas tornou-se o principal recurso gerador de valor. O debate sobre a economia na era da informação, contudo, não tem prestado muita atenção aos diferentes tipos de conhecimento. É claro que há diferenças entre a produtividade e o valor que se gera, digamos, com o conhecimento a respeito de futebol e com o conhecimento a respeito de matemática. Formas diferentes de conhecimento podem desempenhar papéis econômicos diferentes, e a matemática em ação exerce um papel significativo na economia baseada na informação.

A escola deve dar acesso às reservas de conhecimento que são importantes para a manutenção e o aprimoramento do mecanismo que sustenta a globalização e a economia a ela associada. Essa observação nos conduz diretamente à educação matemática e à ideia de *matemacia* entendida como uma competência para lidar com técnicas matemáticas.[2] Nesse sentido, *matemacia* pode ser discutida em termos de habilidades para entender e operar ideias, algoritmos e procedimentos da matemática; em termos de habilidades para aplicar todas essas ideias, algoritmos e procedimentos em uma variedade de situações; ou em termos de habilidades para se refletir sobre todas essas aplicações.

A educação matemática pode ser entendida como uma preparação universal para que os jovens adquiram certas competências, possivelmente com uma subjacente obediência, relevante para suas futuras carreiras e para a eficácia de muitos negócios. Dessa forma, a educação matemática pode ser vista como uma forma universal de integrar os alunos em certas perspectivas, discursos e técnicas que são indispensáveis para os esquemas econômicos e tecnológicos atuais. É assim que a educação matemática pode desenvolver as dimensões funcionais de uma *matemacia*.

---

2. Ernest (2009) traz uma discussão sobre educação matemática e globalização.

Contudo, a *matemacia* pode conter outras dimensões também. Eu prefiro falar sobre o sentido mais radical de *matemacia* recorrendo à noção de literacia de Paulo Freire.[3] Literacia não se refere apenas às competências para ler e escrever no sentido corriqueiro desses termos. Ela se refere a algo bem maior, que pode ser vislumbrado quando se estende o significado da palavra "texto" para qualquer situação na vida. Nesse sentido, "texto" se torna mundo-vida. Isso confere uma nova ordem de significados às práticas de leitura e escrita. É por esse caminho que se pode interpretar "leitura" como as ações para se entender as circunstâncias sociais, políticas, culturais e econômicas do mundo-vida de cada um, e "escrita" como formas efetivas de se mudar esse mundo. É possível interpretar *matemacia* nas mesmas bases. Assim, *matemacia* pode ser concebida como um modo de ler o mundo por meio de números e gráficos, e de escrevê-lo ao estar aberto a mudanças.[4]

Diferentes grupos de alunos em diferentes contextos podem vivenciar a aprendizagem de matemática de maneiras muito diferentes. Há Nthabisengs e Pieters por todo o mundo, e precisamos levar em conta os diferentes contextos quando tentamos entender o significado de *matemacia*, inclusive em sua concepção mais radical.

Para ser mais concreto, discutirei *matemacia* com respeito a certos tipos de práticas, enfocando o significado que ela assume em cada uma. Tratarei das *práticas de construção*, que vêm a ser todo tipo de construção e elaboração de tecnologias em que a matemática é empregada. Pode-se pensar uma prática de construção como uma prática de um especialista. Tratarei também da *matemacia* nas *práticas de operação*, isto é, procedimentos que envolvem matemática, como aqueles exercidos por laboratoristas, contadores, agentes de viagens etc. É claro que a matemática não precisa aparecer de maneira

---

3. Ver Freire (1972 e 1974).
4. Para uma interpretação da literacia matemática nessas bases, ver Gutstein (2006, 2008 e 2009). Ver também Jablonka (2003), para uma apresentação de ideias variadas de literacia matemática, e Chronaki (2010), para uma explanação sobre *matemacia*.

explícita nessas práticas. Tratarei ainda da *matemacia* nas *práticas de consumo*, que vêm a ser a compra ou aquisição de todo tipo de bens, seja frequentando lojas, assistindo TV, viajando etc. Por fim, abordarei a educação matemática com vistas às *práticas dos marginalizados*, as situações pelas quais passam esse enorme contingente de pessoas que estão alijadas da ordem econômica globalizada.

É preciso enfatizar que, ao evocar essas práticas, não tenho qualquer intenção de criar uma forma de classificação para situações. Estou meramente repassando possibilidades. Uma pessoa pode atuar nas diversas práticas dependendo do que lhe ocorrer. É claro que aplicar o esquema de práticas não dispensa o exame mais apurado das situações propriamente ditas. Nada disso tira o mérito da discussão, que aponta potenciais significados para a *matemacia* no contexto da educação matemática. Começarei pelo final.[5]

❏ *Práticas dos marginalizados*

A noção de "marginalizado" não significa que estejamos lidando com uma minoria. A guetização é tão poderosa que condiciona a vida de grupos consideráveis de pessoas em todo o mundo. Esses processos surgem das mais variadas formas: dos antigos sistemas coloniais, dos esquemas de exploração atuais, do neoliberalismo etc.

A matemática faz parte das práticas dos marginalizados de muitos modos. Pode-se pensar na matemática dos vendedores de rua, como estudaram Madalena Santos e João Filipe Matos; ou na matemática das crianças de rua, assunto para Monica Mesquita; na matemática dos produtores de cana-de-açúcar, investigada por Guida Abreu; e na matemática da agricultura, na apresentação de Paulus Gerdes.[6] Vários estudos etnomatemáticos tratam da matemática

---

5. Ver também Skovsmose (2007c).
6. Ver Santos e Matos (2002); Mesquita (2004); Abreu (1993); Gerdes (2008); e Skovsmose e Penteado (2011).

presente nas práticas de grupos marginalizados. Minha interpretação é de que tais práticas são exemplos da matemática em ação, que, por sua vez, desdobra-se em qualidades diversas.

O que pensar a respeito da educação matemática para crianças que pertencem a faixas marginalizadas da população? Uma preocupação imediata seria associar a educação com o *background* das crianças. Isso implica oferecer, por exemplo, aos filhos dos trabalhadores rurais, como Gerdes mostrou, uma educação voltada para a matemática do trabalho rural. A ideia é que a educação matemática deva se basear na matemática que faz parte das práticas culturais com as quais a criança está acostumada. Há muitos exemplos que ilustram como associar a educação matemática a esses contextos.

Considero importante reconhecer que a matemática opera em uma diversidade de situações culturais e, portanto, que a educação matemática deva contemplar essa variedade. Contudo, quero analisar algumas limitações dessa ideia de que a educação matemática deva se relacionar antes de tudo ao *background* dos alunos em questão. Tomei consciência dessas limitações quando trabalhava na África do Sul. Durante o *apartheid*, floresceu um tipo de discurso que enaltecia as diferenças culturais. Nessa linha, podiam-se encontrar argumentações como esta: a cultura Zulu é fascinante, pense nos valores culturais manifestados na forma de dança, ritmo, cores, construções etc.; é preciso preservar esses valores. O mínimo que se espera de um programa de educação matemática voltado para os alunos Zulus é garantir que o currículo escolar esteja inserido na sua cultura, mas, com o fim do *apartheid*, isso mostrou-se problemático. A educação pós-*apartheid* foi fortemente marcada por uma inclinação a eliminar todo tipo de limitação imposta aos negros. Era importante levar oportunidades iguais para todos. Em vez de organizar o ensino com base no *background* dos alunos, prefiro considerar seus *foregrounds*.

A mesma percepção me ocorreu em outros momentos. Em Barcelona, há imigrantes de diversas origens, e algumas localidades transformam-se em verdadeiras favelas. Algo como um "programa de educação matemática crítica" foi desenvolvido para uma dessas favelas. O conteúdo curricular de caráter crítico incluía menções a situações cotidianas conhecidas pelas crianças. Cada atividade foi contextualizada esmeradamente. O tempo dedicado a cada tópico era mais do que apropriado. Analisando a situação, seria de esperar ser esse um caso positivo de educação matemática crítica. Porém, uma consequência imediata desse programa de educação matemática crítica foi que nenhum aluno desse bairro pôde prosseguir nos estudos. Ao contrário, justamente em virtude desse programa pedagógico, essas crianças ficaram limitadas ao mundo em que viviam.[7]

Para mim não há uma fórmula simples que, partindo de uma ideia de conteúdo matemático que deva ser desenvolvido em um contexto cultural particular, leve a uma educação matemática significativa para os alunos daquele contexto. Esse fato aplica-se especialmente em grupos considerados marginalizados de alguma maneira. É preciso pensar a educação matemática a partir dos *foregrounds* desses alunos e não apenas de seus *backgrounds*. É importante ampliar as oportunidades dos alunos nessa situação. Deve-se levar em conta a potencialização que acontece quando alunos marginalizados galgam degraus mais altos nas competências e técnicas necessárias para a sequência de seus estudos.

Isso nos conduz de volta à apreciação da concepção radical de *matemacia*. Pode-se pensar a *matemacia* em termos de responde-habilidade. Essa leitura de responsabilidade foi proposta por Bill Atweh.[8] Com isso, a discussão sobre *matemacia* volta-se para a questão de como habilitar os alunos a responderem a diferentes desafios nas mais diversas circunstâncias. Uma questão sensível para a educação matemática crítica é propiciar responsabilidade social para grupos de alunos marginalizados. A abordagem pedagógica adotada pelo Movimento dos Sem Terra é um exemplo do que isso poderia ser.[9] Porém, não há diretivas universais para abordagens

---

7. Tomei conhecimento desse programa pedagógico em Barcelona por intermédio de Núria Gorgorió e Núria Planas.
8. Ver também Atweh (2007 e 2009).
9. Ver, por exemplo, Knijnik (2009).

dessa natureza. Pelo contrário, cada situação precisa ser considerada em suas particularidades para se explorar *matemacia* em termos de responde-habilidade.

❏ *Práticas de consumo*

Especialistas manifestam-se todos os dias na TV e nos jornais. Voltemos aos anúncios da *Folha de S.Paulo*. Na primeira página, a Hyundai vende a possibilidade de se comprar um carro sem juros. Nas páginas seguintes, encontramos agências de viagens mostrando preços surpreendentemente baratos em letras garrafais (porque é o valor da parcela, não do total do custo da viagem). Há promoções da Dell com taxa de juros de 0%, e financiamento em 12 parcelas. O jornal segue repleto de coisas assim.

Esses anúncios dirigem-se a um público de consumidores. A educação matemática ocupa-se também da preparação para o consumo, e podemos refletir sobre a responde-habilidade social nesse caso. Consumidores são expostos a uma enorme variedade de "bens" (com sua enorme variedade de "males"). Pense em todo tipo de produtos: TVs, escovas de dente, cafeteiras, pacotes turísticos e promoções de celular. Podem ser também bens comuns, quando, na condição de cidadãos, somos expostos a números da propaganda política ou ao resultado da apuração das urnas. Como cidadãos, estamos expostos a ações, iniciativas, anúncios, projetos e decisões que fazem parte da matemática em ação.[10] Como cidadãos, teremos de responder a várias formas de matemática em ação, e é possível que façamos isso aceitando tudo cegamente.

Nessa linha, o consumo funcional, entendido como uma preparação para o consumo (cego), é apoiado pelo desenvolvimento de aspectos funcionais da *matemacia*. Isso quer dizer, por exemplo,

---

10. Um bom estudo ilustrativo disso pode ser encontrado em Greer (2008), que passa em revista os números de baixas na Guerra do Iraque tais como aparecem nos discursos das autoridades.

que as pessoas tornam-se aptas a desempenhar todo tipo de transação econômica: de compra e venda; de remuneração salarial; de pagamento de impostos etc. Se adotássemos uma concepção mais ampla de consumo, que incluísse as práticas de ler e trabalhar informações expressas em números, então uma *matemacia* do consumir poderia ser pensada em termos de uma cidadania funcional, isto é, as pessoas estariam aptas a receber informações de diversas fontes constituídas, e proceder da maneira esperada.

Contudo, a *matemacia* não tem que ser meramente funcional; ela pode contemplar também competências para "retrucar" as autoridades, como a capacidade de avaliar criticamente os "bens" e os "males" que estão à disposição para consumo. Isso nos remete ao entendimento de *matemacia* com responde-habilidade, que considero crucial com respeito às práticas de consumo.

❏ *Práticas de operação*

Em muitas situações de trabalho, as pessoas usam a matemática, muito embora de modo implícito. A matemática organiza-se em "pacotes". Porém, os detalhes do funcionamento dos pacotes não precisam ser conhecidos por quem os opera. Muitas vezes, não se vê a matemática que está intensamente presente na rotina de bancários, vendedores ou contadores.

Como já foi mencionado, uma característica do ensino tradicional de matemática é o volume enorme de exercícios a serem resolvidos pelos alunos. Talvez se espere mesmo de um bom operário que ele seja obediente; é um requisito da profissão. A fim de que rotinas administrativas ou processos em geral sejam executados de acordo com um cronograma, faz sentido arregimentar pessoas que demonstrem um temperamento obediente. Uma equipe de trabalho confiável deveria mostrar-se inclinada a seguir os manuais de maneira diligente e previsível, e eu falo de manuais no sentido abrangente, não apenas dos manuais de equipamentos.

Porém, seguir ordens cegamente pode se revelar problemático. Informações e comandos expressos em números podem ou não ser confiáveis, e isso requer avaliação. Além disso, um operário não apenas "ouve" os números, ele também pensa em matemática. Isso nos traz o seguinte questionamento: O que significa tomar decisões e agir com base em números e gráficos? A questão da responsabilidade deve ser um dos focos da discussão. Se educação matemática significa preparar a pessoa para uma reflexão da prática profissional, temos que nos perguntar como questões como confiabilidade e responsabilidade poderiam ser abordadas. Isso deve fazer parte da composição de uma *matemacia*.

Naturalmente, é difícil simular a prática profissional num ambiente escolar. Contudo, os alunos envolvidos no Projeto Ameaça nos Números vivenciaram aspectos da rotina de funcionários quando tiveram que: escolher entre fornecedores de ovos da Grécia ou da Espanha; pesquisar sua qualidade por meio de testes onerosos; e fazer um orçamento que não comprometesse a rentabilidade do negócio. Eles tiveram que calcular os valores, certificar-se de que estavam corretos e, cientes das margens de erro nos cálculos, tomar decisões.

❑ *Práticas de construção*

Condições para inovação tecnológica estão em contínuo desenvolvimento. Isso faz parte do que chamo de *práticas de construção*. A matemática é crucial para essas práticas, e eu considero particularmente importante enfatizar que as preocupações da educação matemática crítica também se ocupam com a preparação de especialistas. Muitas vezes, a educação matemática crítica é vista como algo voltado primeiramente para a educação matemática da escola básica ou para grupos excluídos. É claro que a educação matemática crítica tem esse viés, mas ela não se resume a isso. Para mim, é importante lembrar que a educação matemática crítica também lida com o desenvolvimento das especialidades. Em particular: O que significam a responsabilidade e a responde-habilidade quando se trata de práticas de construção? Como entendemos os aspectos funcionais e radicais da *matemacia* presente nessas práticas? Praticamente toda inovação tecnológica hoje pressupõe o emprego da matemática. É papel das universidades e de outras instituições de ensino superior preparar os alunos para isso e, assim, a matemática está presente de fato na formação de engenheiros, economistas, cientistas da computação, farmacêuticos etc. O modo como essa educação organiza-se é um problema para a educação matemática crítica, uma vez que o ensino universitário pode "formatar" especialistas de diversas maneiras.[11]

Um fenômeno importante deve ser observado com respeito a esse ensino, a saber: a dissecação de projetos tecnológicos em subpráticas específicas. Nessa linha, a construção de um destróier é dividida em uma quantidade enorme de subtarefas, como, por exemplo, a pesquisa dos, assim chamados, materiais ensanduichados. São materiais compostos de várias camadas, e o corpo do destróier é feito com eles. Fabricar material ensanduichado e resistente para um destróier é um difícil problema de pesquisa. Porém, a fabricação do material propriamente dita descola-se do projeto maior e torna-se um fascinante desafio em si mesmo. O problema militar em alto nível transforma-se em uma variedade de pequenas frentes de pesquisa científica, independentes entre si. Grupos de pesquisa isolados podem se dedicar a seus curiosos desafios, totalmente alheios ao fato de que seu trabalho vai contribuir para fins militares. Tal forma de dissecação é um fenômeno geral no ensino de engenharia. Nessa linha, o currículo de qualquer curso de engenharia divide-se em atividades curriculares específicas, que são avaliadas de acordo com critérios próprios. Por exemplo, o conhecimento presente em uma prova de matemática deve ser formulado em termos matemáticos. Eu considero a dissecação do currículo como um elemento básico para se eliminar considerações éticas com respeito à engenharia e tecnologia da formação de especialistas.

---

11. Ver, por exemplo, Skovsmose, Valero e Christensen (orgs.) (2009); e Skovsmose (2006b, 2008b e 2009a).

Considero problemático que a concepção moderna de matemática ainda predomine no ensino superior, no qual se estabelecem as especialidades das áreas técnicas. Esse é um ambiente em que a racionalidade matemática é amplamente celebrada. Para mim, uma questão importante é: Como é possível trazer competências matemáticas para uma disciplina técnica sem que se crie essa impressão de que técnicas matemáticas fomentam uma crença na neutralidade e objetividade? Uma racionalidade matemática não deveria ser celebrada cegamente, mas questionada. Uma educação para a responsabilidade social com respeito às práticas de construção precisa reconhecer a concepção crítica da matemática. Isso significa que aspectos distintos da matemática em ação precisam ser alvo de reflexão, como parte da matemática para especialistas.

8

INCERTEZAS

Busquei caracterizar a educação matemática crítica como uma série de preocupações. Isso não quer dizer, contudo, que eu veja tais preocupações como um sistema. Não se pode encontrar uma ordem de prioridade nesse conjunto. Na verdade, não formulei preocupações diretamente, fui mencionando-as à medida que abordava questões mais gerais, que repasso a seguir.

A educação matemática é indefinida. Ela não tem uma essência. Pode ser praticada de maneiras bem diferentes, com interesses sociais, políticos e econômicos bem distintos. Se, por um lado, a educação matemática mostra-se um meio de implantação de uma lógica de dominação e controle, por outro, ela promove a cidadania crítica. Pode-se ver esse dualismo como uma gritante simplificação de uma realidade em que estão presentes diversos papéis diferentes para a educação matemática na sociedade.

Tratei da *diversidade de condições* no ensino e aprendizagem de matemática, e questionei a forma idealizada com que se costuma pensar as situações escolares. Acho que as pesquisas em educação matemática refletem tacitamente um modelo de sala de aula que não é encontrado na realidade. Penso que se deva evitar todo tipo de modelo tácito no trabalho teórico.

Por meio da ideia de *foreground de estudantes*, busquei apontar aspectos importantes dos processos de aprendizagem e construção de sentido. Experiências de sentido têm afinidade com experiências de relacionamentos, como, por exemplo, os relacionamentos entre as vivências em sala de aula e os *backgrounds* dos alunos. Minha posição, contudo, é de que a experiência de sentido mais profunda ocorre no relacionamento entre as atividades de sala de aula e os *foregrounds* dos alunos. Além disso, considero *foregrounds* entidades dinâmicas. *Foregrounds* podem ser refeitos, e uma educação matemática significativa contribui para a construção e reconstrução contínuas de *foregrounds*. Isso ajuda a trazer novas oportunidades.

Com a noção de *cenários para investigação*, tentei ampliar o alcance das possibilidades educacionais para além do paradigma do exercício. Considero que diferentes *milieus* de ensino e aprendizagem proporcionam diferentes oportunidades, por exemplo, com respeito à construção de sentido. Enquanto o paradigma do exercício pode ser associado em certa medida com uma zona de conforto, cenários para investigação nos colocam em uma zona de risco. Essa zona, contudo, é também a zona das possibilidades educacionais, e considero importante que tais possibilidades sejam exploradas.

A concepção moderna de matemática, com seu elogio à matemática e à racionalidade matemática, e que coloca os professores na condição de verdadeiros embaixadores do conhecimento matemático, é suplantada por uma *concepção crítica de matemática*, que reconhece a matemática em todo tipo de ação humana. Tais ações podem ser das mais diversas qualidades, e atender aos mais diversos interesses. Nesse sentido, a matemática não é sublime. Ela está nas atividades do dia a dia, com os projetos tecnológicos, alguns dos quais de natureza duvidosa.

Isso motiva o exercício da *reflexão*. É importante analisar toda forma de racionalidade matemática por intermédio de reflexões. É importante refletir *sobre* a matemática, incluindo todo tipo de ação da qual ela pode fazer parte. Além disso, não se deve esquecer que refletir *com* a matemática pode ser muito efetivo, e que é possível também refletir *por meio* de processos de investigação.

O que nos remete à noção de *matemacia*, algo potencialmente importante para a formulação das aspirações da educação matemática crítica. Busquei formular aspirações da educação matemática crítica em termos da *matemacia em um mundo globalizado e guetizado*. Minha inspiração foi a sugestão de se entender responsabilidade como responde-habilidade, e eu vejo que a *matemacia* é composta também por essa capacidade de reagir e dar respostas, bem como de reconhecer que o mundo pode mudar. Considero importante que a educação matemática crítica explore o que isso significaria para diferentes grupos de pessoas, desde pessoas marginalizadas até profissionais especialistas.

Então, afinal, quais são as preocupações? Alguém pode achar, e com razão, que não fui explícito a esse respeito, e que apenas tratei de questões que passam ao largo das preocupações da educação matemática crítica. Chegou a hora de ser explícito. Mas não serei. Prefiro me limitar a dizer e reforçar que toda e qualquer reflexão de natureza crítica é marcada por um conjunto significativo de amplas e profundas incertezas, e a educação matemática crítica não escapa disso, e nem mesmo a formulação de suas preocupações.

A ideia de crítica foi abordada pela Teoria Crítica, que inspirou os primeiros movimentos da educação crítica. É preciso, contudo, diferenciar as premissas da educação crítica, em suas várias fases, das premissas de uma educação matemática crítica voltada para o futuro.[1]

Para ser mais específico, vou delinear algumas das origens do pensamento crítico na Idade Moderna. Quero analisar brevemente o conceito de crítica nos trabalhos de René Descartes, Immanuel Kant e Karl Marx.

Descartes introduziu a dúvida universal como recurso epistêmico. Ele pretendia ancorar o conhecimento em uma fundação sólida, e, para isso, toda forma de conhecimento presumido precisava

---

1. Tentei de várias maneiras apresentar uma educação matemática crítica para o futuro. Ver, por exemplo, Skovsmose (2008c). Ver também Rasmussen (2010).

passar por uma revisão crítica. O princípio era duvidar de tudo que fosse possível, descartando-o (pelo menos provisoriamente) do corpo de conhecimentos estabelecidos. Dessa forma, restaria apenas aquilo que não poderia ser colocado em dúvida, e Descartes descobriu que apenas uma coisa não sucumbia a esse critério. Essa sentença, *cogito, ergo sum*, representava não apenas uma verdade, mas uma verdade-com-certeza. Segundo Descartes, o conhecimento deveria ser composto de sentenças que fossem verdadeiras-com-certeza, e apenas elas. Ou seja, o propósito da crítica era estabelecer, pela dúvida universal, uma fundamentação para o conhecimento genuíno, que, por sua vez, era caracterizado em termos de verdades e certezas. Assim, a atividade crítica fez parte de um movimento em prol do absolutismo epistêmico.

Kant também queria abordar todo o corpo do conhecimento humano possível: O que pode ser conhecido e o que não pode? Em seu trabalho monumental, *Crítica da razão pura*, ele tentou apresentar um estudo das condições gerais para a obtenção do conhecimento. A crítica era conduzida como uma atividade apriorística, que se antecipava às formulações do conhecimento. A crítica tornou-se uma maneira de formular as condições para obtenção do conhecimento, gerais e *a priori*. Mas quais foram os recursos epistêmicos dos quais Kant se valeu para realizar suas investigações apriorísticas? Que camada epistêmica existe antes do *conhecimento*? Como Kant pretendia abarcar todas as formas de conhecimento, ele não podia assumir conhecimentos específicos. Kant descobriu que é possível conduzir uma investigação crítica das condições gerais para obtenção do conhecimento na forma de uma filosofia transcendental. Assim, a crítica tornou-se a expressão de uma certeza transcendental, e Kant considerou que sua *Crítica da razão pura* esclarecia, de uma vez por todas, as condições para a obtenção do conhecimento pelos seres humanos. Por meio dessa construção sofisticada, Kant estabeleceu uma conexão entre a crítica e o absolutismo epistêmico.

A abordagem de Marx foi diferente. Ele pretendia não apenas realizar uma investigação crítica das teorias econômicas, mas também criticar os sistemas econômicos em si mesmos. Ele formulou sua crítica não apenas no campo epistêmico, como fizeram Descartes e Kant, mas na atividade sociopolítica. Ao mesmo tempo, ele quis dar uma fundamentação sólida a esse amplo conjunto de ações críticas, que veio a ser uma formulação apropriada da lógica que governa o desenvolvimento social. Tal lógica, por sua vez, era formada pelas leis que governam o desenvolvimento social, e a meta de Marx era enunciar tais leis. Quando isso ficou pronto, toda atividade crítica, incluindo aquelas que tratam da realidade econômica e sociopolítica, passou a ter uma fundamentação sólida.

A Teoria Crítica representou um grande passo para se escapar da ortodoxia marxista. Consigo pensar em dois momentos que ilustram tal passo. A obra *Dialética do esclarecimento*, de Max Horkheimer e Theodor Adorno, antecipa muito da crítica da visão moderna que viria depois com Michel Foucault, o pós-modernismo e o pós-estruturalismo. É difícil encontrar premissas assumidas em *Dialética do esclarecimento*. Esse é um exemplo que cito de um trabalho em que a noção de crítica se desenvolve sem incorporar premissas fundamentadoras. O outro livro que gostaria de mencionar é o *Projeto das arcadas*, no qual Walter Benjamin buscou formular uma investigação crítica de uma época, ao tomar como ponto de partida as inovações arquitetônicas das arcadas de Paris, construídas no início do século XIX. Benjamin não pôde terminar suas investigações, mas a publicação póstuma de *Projeto das arcadas* demonstra a abordagem metodológica anarquista de Benjamin. Por meio de uma colagem cuidadosa de citações, ele apresentou sua ideia de uma maneira quase surrealista. O *Projeto das arcadas* rompe com toda e qualquer expectativa de se definir o que vem a ser uma forma apropriada de crítica. Benjamin traz a crítica para fora do espaço das regulações metodológicas predeterminadas.

Para mim, é importante suplantar concepções de crítica que carreiam pensamentos de fundamentação sólida ou metodologias bem-definidas. Isso implica reconhecer que a crítica é uma tarefa profundamente incerta. É um passo importante para todo processo de educação crítica que pretende romper a visão de modernidade. É essencial para a formulação de uma educação matemática crítica para o futuro.[2]

---

2. Ver também Ernest (2010); Knijnik e Bocasante (2010); Pais (2010); e Valero e Stentoft (2010).

Essa discussão pode nos levar a outro extremo: o relativismo absoluto. De acordo com o relativismo absoluto, não há elementos *construtivos* inerentes a qualquer atividade crítica. Portanto, não é possível sugerir o que deve ser feito. No tocante à educação, o relativismo absoluto implica não ter propostas de ação. O relativismo absoluto pode ser reconhecido em abordagens educacionais associadas às visões pós-moderna e pós-estruturalista, que sustentam que toda intenção teórica de "melhoramento" é expressão de um romantismo educativo. Não há como realizar melhoramentos de forma significativa.

Eu busco não cair na armadilha do absolutismo nem do relativismo absoluto. Mas como posicionar a educação matemática crítica entre esses dois extremos? Minha proposta é pensar em termos de preocupações. Por um lado, é importante reconhecer que preocupações dependem de um discurso articulado e de uma perspectiva assumida. Por outro, uma construção discursiva nunca é algo completamente livre. Voltando às imagens de *O berço da desigualdade*, é possível criar um discurso em que as sombras de uma árvore são uma sala de aula, e de que a lenha que as crianças levam é para uma aula de química. Seja qual for o discurso que criamos, a sala sob a árvore não tem eletricidade nem computadores. Só com discurso, não se aquece uma escola. Mudanças de discurso levam a modificações, mas nem todas as modificações são obtidas apenas com mudanças de discurso.

Diferentes discursos revelam diferentes preocupações. Para mim, a educação matemática crítica é marcada por preocupações. Tentei abordar algumas delas, embora não por intermédio de uma lista ou coisa do gênero. Busquei apresentar conceitos que poderiam compor uma *gramática de preocupações*. Essa abordagem, contudo, traz uma grande incerteza. Essa incerteza aplica-se a todas as características que apontei nessa gramática de preocupações. Assim, eu mesmo não acredito nas razões por trás de um conjunto de conceitos para expressar preocupações. Minha incerteza estende-se, inclusive, para aquilo que eu, neste Capítulo 8, escrevi sobre a incerteza.

REFERÊNCIAS BIBLIOGRÁFICAS

ABREU, G. (1993). "The relationship between home and school mathematics in a farming community in rural Brazil". Tese de doutorado. Cambridge: Cambridge University.

ADORNO, T.W. (1971). *Erziehung zur Mündigkeit.* Frankfurt am Main: Suhrkamp.

ALRØ, H. e JOHNSEN-HØINES, M. (2010). "Critical dialogue in mathematics education". *In*: ALRØ, H.; RAVN, O. e VALERO P. (orgs.). *Critical mathematics education: Past, present and future.* Rotterdam: Sense Publishers, pp. 11-21.

ALRØ, H. e SKOVSMOSE, O. (2002). *Dialogue and learning in mathematics education: Intention, reflection, critique.* Dordrecht: Kluwer.

ALRØ, H.; RAVN, O. e VALERO, P. (orgs.) (2010). *Critical mathematics education: Past, present and future.* Rotterdam: Sense Publishers.

ALRØ, H.; SKOVSMOSE, O. e VALERO, P. (2009). "Inter-viewing foregrounds: Students' motives for learning in a multicultural setting". *In*: CÉSAR, M. e KUMPULAINEN, K. (orgs.). *Social interactions in multicultural settings*. Rotterdam: Sense Publishers, pp. 13-37.

APPELBAUM, P. e ALLAN, D.S. (2008). *Embracing mathematics: On becoming a teacher and changing with mathematics*. Nova York: Routledge.

ATWEH, B. (2007). "Pedagogy for socially response-able mathematics education". Artigo apresentado na conferência anual da Australian Association of Research in Education. Fremantle, West Australia. [Disponível na internet: http://www.aaere.edu.au/data/publications/2007/atw07600.pdf, acesso em 8/7/2014.]

_____ (2009). "Ethical responsibility and the 'What' and the 'Why'" of mathematics education in a global context". *In*: ERNEST, P.; GREER, B. e SRIRAMAN, B. (orgs.). *Critical issues in mathematics education*. Charlotte: Information Age Publishing, pp. 7-17.

BABER, S.A. (2010). "Mathematics from the perspective of critical sociology". *In*: ALRØ, H.; RAVN, O. e VALERO, P. (orgs.). *Critical mathematics education: Past, present and future*. Rotterdam: Sense Publishers, pp. 23-29.

BANCO MUNDIAL (2006). *Equity and development: World development report 2006*. Washington/Nova York: Banco Mundial/Oxford University Press.

BENJAMIN, W. (1999). *The arcades project*. Cambridge (EUA)/Londres: The Belknap Press of Harvard University Press.

BETH, E.W. e PIAGET, J. (1966). *Mathematical epistemology and psychology*. Dordrecht: D. Reidel Publishing Company.

BIOTTO FILHO, D. (2008). "O desenvolvimento da *matemacia* no trabalho com projetos". Dissertação de mestrado em Educação Matemática. Rio Claro: Instituto de Geociências e Ciências Exatas, Universidade Estadual Paulista (Unesp).

BRENTANO, F. (1995a). *Psychology from an empirical standpoint*. Trad. de A.C. Rancurello, D.B. Terrell e L.L. McAlister; introdução de Peter Simons. Londres: Routledge. (Edição alemã original de 1874.)

_____ (1995b). *Descriptive psychology*. Trad. e ed. de B. Müller. Londres: Routledge. (Anotações de aulas entre 1887-1891; edição alemã original de 1892.)

BURY, J.B. (1955). *The idea of progress: An inquiry into its origin and growth*. Introdução de Charles A. Bead. Nova York: Dover Publications. (Publicado originalmente em 1932.)

CHRISTENSEN, O.R.; SKOVSMOSE, O. e YASUKAWA, K. (2009). "The mathematical state of the world: Explorations into the characteristics of mathematical descriptions". *In*: SRIRAMAN, B. e GOODCHILD S. (orgs.). *Relatively and philosophically earnest: Festschrift in honor of Paul Ernest's 65th birthday*. Charlotte: Information Age Publishing, pp. 83-96. (Publicado originalmente em Alexandria: *Journal of Science and Technology Education*, v. 1, n. 1, pp. 77-90.)

CHRISTENSEN, O.R.; STENTOFT, D. e VALERO, P. (2007). "Power distribution in the network of mathematics education practices". *In*: FREITAS, E. de e NOLAN, K. (orgs.). *Opening the research text: Critical insights and in(ter)-ventions into mathematics education*. Nova York: Springer, pp. 131-146.

CHRONAKI, A. (2010). "Revisiting mathemacy: A process-reading of critical mathematics education". *In*: ALRØ, H.; RAVN, O. e VALERO, P. (orgs.). *Critical mathematics education: Past, present and future*. Rotterdam: Sense Publishers, pp. 31-49.

CURRY, H.B. (1951). *Outlines of a formalist philosophy of mathematics*. Amsterdam: North-Holland Publishing Company.

D'AMBROSIO, U. (2006). *Ethnomathematics: Link between transitions and modernity*. Rotterdam: Sense Publishers.

_____ (2010). "Mathematics education and survival with dignity". *In*: ALRØ, H.; RAVN, O. e VALERO, P. (orgs.). *Critical mathematics education: Past, present and future*. Rotterdam: Sense Publishers, pp. 51-63.

ERNEST, P. (2009). "Mathematics education ideologies and globalization". *In*: ERNEST, P.; GREER, B. e SRIRAMAN, B. (orgs.). *Critical issues in mathematics education*. Charlotte: Information Age Publishing, pp. 67-110.

_____ (2010). "The scope and limits of critical mathematics education". *In*: ALRØ, H.; RAVN, O. e VALERO, P. (orgs.). *Critical mathematics education: Past, present and future*. Rotterdam: Sense Publishers, pp. 65-87.

ERNEST, P.; GREER, B. e SRIRAMAN, B. (orgs.) (2009). *Critical issues in mathematics education*. Charlotte: Information Age Publishing.

FOUCAULT, M. (1989). *The archeology of knowledge*. Londres: Routledge. (Edição francesa original de 1969.)

_____ (1994). *The order of things: An archaeology of the human sciences*. Nova York: Vintage Books. (Edição original francesa de 1966.)

_____ (2000). *Power*. Ed. de J.D. Faubion, trad. de R. Hurley e outros. Nova York: The New Press.

FREIRE, P. (1972). *Pedagogy of the oppressed*. Harmondsworth: Penguin Books.

_____ (1974). *Cultural action for freedom*. Harmondsworth: Penguin Books.

GATES, P. (2006). "The place of equity and social justice in the history of PME". *In*: GUTÉRREZ, A. e BOERO, P. (orgs.). *Handbook of research on the psychology of mathematics education: Past, present and future*. Rotterdam: Sense Publishers, pp. 367-402.

GERDES, P. (2008). *Exemplos de aplicações da matemática na agricultura e na veterinária*. Maputo: Lulu.com e Tlanu.

GREER, B. (2008). "Discounting Iraqi deaths: A social and educational disgrace". *In*: MATOS, J.F.; VALERO, P. e YASUKAWA, K. (orgs.). *Proceedings of the fifth international mathematics education and society conference*. Lisboa: Centro de Investigação em Educação, Universidade de Lisboa/Department of Education, Learning and Philosophy, Universidade de Aalborg.

GREER, B.; MUKHOPADHYAY, S.; POWEL, A.B. e NELSON-BARBER, S. (orgs.) (2009). *Culturally responsive mathematics education*. Nova York: Routledge.

GUTSTEIN, E. (2006). *Reading and writing the world with mathematics: Toward a pedagogy for social justice*. Nova York/Londres: Routledge.

_____ (2008). "Building political relationships with students". *In*: FREITAS, E. e NOLAN, K. (orgs.). *Opening the research text: Critical insights and in(ter)ventions into mathematics education*. Nova York: Springer, pp. 189-204.

_____ (2009). "Possibilities and challenges in teaching mathematics for social justice". *In*: ERNEST, P.; GREER, B. e SRIRAMAN, B. (orgs.). *Critical issues in mathematics education*. Charlotte: Information Age Publishing, pp. 351-373.

HILBERT, D. (1968). *Grundlagen der geometrie.* Stuttgart: Teubner. (Publicação original de 1899.)

HORKHEIMER, M. e ADORNO, T.W. (2002). *Dialectic of enlightenment.* Trad. de J. Cumming. Nova York: Continuum. (Publicado originalmente em 1947.)

HUSSERL, E. (1998). *Ideas pertaining to a pure phenomenology and to a phenomenological philosophy: First book*. Dordrecht: Kluwer Academic Publishers. (Edição alemã original de 1913.)

_____ (1970). *The crisis of European sciences and transcendental phenomenology.* Trad. e introdução de D. Car. Evanston: Northwestern University Press. (Versão alemã original de 1936.)

JABLONKA, E. (2003). "Mathematical literacy". *In*: BISHOP, A.J. et al. (orgs.). *Second international handbook of mathematics education*. Dordrecht: Kluwer.

_____ (2010). "Reflections on mathematical modeling". *In*: ALRØ, H.; RAVN, O. e VALERO, P. (orgs.). *Critical mathematics education: Past, present and future*. Rotterdam: Sense Publishers, pp. 89-100.

KANT, I. (1933). *Critique of pure reason.* Trad. de N.K. Smith. Londres: MacMillan. (Edição alemã original de 1791.)

KNIJNIK, G. (2009). "Mathematics education and the Brazilian landless movement: Three different mathematics in the context of struggle for social justice". *In*: ERNEST, P.; GREER, B. e SRIRAMAN, B. (orgs.). *Critical issues in mathematics education*. Charlotte: Information Age Publishing, pp. 153-169.

KNIJNIK, G. e BOCASANTE, D.M. (2010). "Do ofício da pesquisa: Pílulas neoaforistica – About the craft of research: Neoaphoristic pills". *In*: ALRØ, H.; RAVN, O. e VALERO, P. (orgs.). *Critical mathematics education: Past, present and future*. Rotterdam: Sense Publishers, pp. 101-120.

LINDENSKOV, L. (2010). "Students' curriculum in critical mathematics education". *In*: ALRØ, H.; RAVN, O. e VALERO, P. (orgs.). *Critical mathematics education: Past, present and future*. Rotterdam: Sense Publishers, pp. 121-131.

MESQUITA, M. (2004). "O conceito de espaço na cultura de criança em situação de rua: Um estudo etnomatemático". *In*: RIBEIRO, J.P.M.; DOMITE, M. do C.S. e FERREIRA, R. (orgs.). *Etnomatemática: Papel, valor e significado*. São Paulo: Zouk.

MORA, D. (org.) (2005). *Didáctica crítica, educación crítica de las matemáticas y etnomatemática: Perspectivas para la transformación de la educación matemática en América Latina*. La Paz: Gidem.

OEEC (1961). *New thinking in school mathematics*. Paris: OEEC.

PAIS, A. (2010). "Portrait of an influence". *In*: ALRØ, H.; RAVN, O. e VALERO, P. (orgs.). *Critical mathematics education: Past, present and future*. Rotterdam: Sense Publishers, pp. 133-144.

PENTEADO, M.G. (2001). "Computer-based learning environments: Risks and uncertainties for teachers". *Ways of Knowing Journal*, v. 1, n. 2, pp. 23-35.

PENTEADO, M.G. e SKOVSMOSE, O. (2009). "How to draw with a worn-out mouse? Searching for social justice through collaboration". *Journal for Mathematics Teacher Education*, v. 12, n. 3, pp. 217-230.

PIAGET, J. (1970). *Genetic epistemology*. Nova York: Columbia University Press.

PLANAS, N. e CIVIL, M. (2010). "Discourse processes in critical mathematics education". *In*: ALRØ, H.; RAVN, O. e VALERO, P. (orgs.). *Critical mathematics education: Past, present and future*. Rotterdam: Sense Publishers.

RASMUSSEN, P. (2010). "The critical perspective on education and on mathematics education". *In*: ALRØ, H.; RAVN, O. e VALERO, P. (orgs.). *Critical mathematics education: Past, present and future*. Rotterdam: Sense Publishers.

RAVN, O. (2010). "Step beyond mathematics: Investigations in the philosophy of mathematics". *In*: ALRØ, H.; RAVN, O. e VALERO, P. (orgs). *Critical mathematics education: Past, present and future*. Rotterdam: Sense Publishers.

RØNNING, F. (2010). "Hvor mange kanter har en firedimensjonal terning?" *Tangenten*, n. 2, pp. 5-10. [Disponível na internet: http://www.caspar.no/tangenten/2010/t-2010-2.pdf, acesso em 10/7/2014.]

SALGADO, S. e BUARQUE, C. (2005). *O berço da desigualdade*. São Paulo: Unesco no Brasil.

SANTOS, M. e MATOS, J.F. (2002). "Thinking about mathematical learning with Cabo Verde Ardinas". *In*: ABREU, G. de; BISHOP, A. e PRESMEG, N.C. (orgs.). *Transitions between contexts of mathematical practices*. Dordrecht: Kluwer.

SKOVSMOSE, O. (1994). *Towards a philosophy of critical mathematical education*. Dordrecht: Kluwer.

_____ (2001). "Landscapes of investigation". *ZDM: The International Journal on Mathematics Education*, v. 33, n. 4, pp. 123-132.

_____ (2005). *Travelling through education: Uncertainty, mathematics, responsibility*. Rotterdam: Sense Publishers.

_____ (2006a). "Reflections as a challenge". *ZDM: The International Journal on Mathematics Education*, v. 38, n. 4, pp. 323-332.

_____ (2006b). "Challenges for mathematics education research". *In*: MAASZ, J. e SCHLOEGELMANN, W. (orgs.). *New mathematics education research and practice*. Rotterdam: Sense Publishers.

_____ (2006c). "Research, practice, uncertainty and responsibility". *Journal of Mathematical Behaviour*, v. 25, n. 4, pp. 267-284.

_____ (2007a). "Foregrounds and politics of learning obstacles". *In*: GELLERT, U. e JABLONKA, E. (orgs.). *Mathematisation and demathematisation: Social, philosophical, and educational ramifications.* Rotterdam: Sense Publishers. (Publicado originalmente em *For the Learning of Mathematics*, v. 25, n. 1, pp. 4-10.)

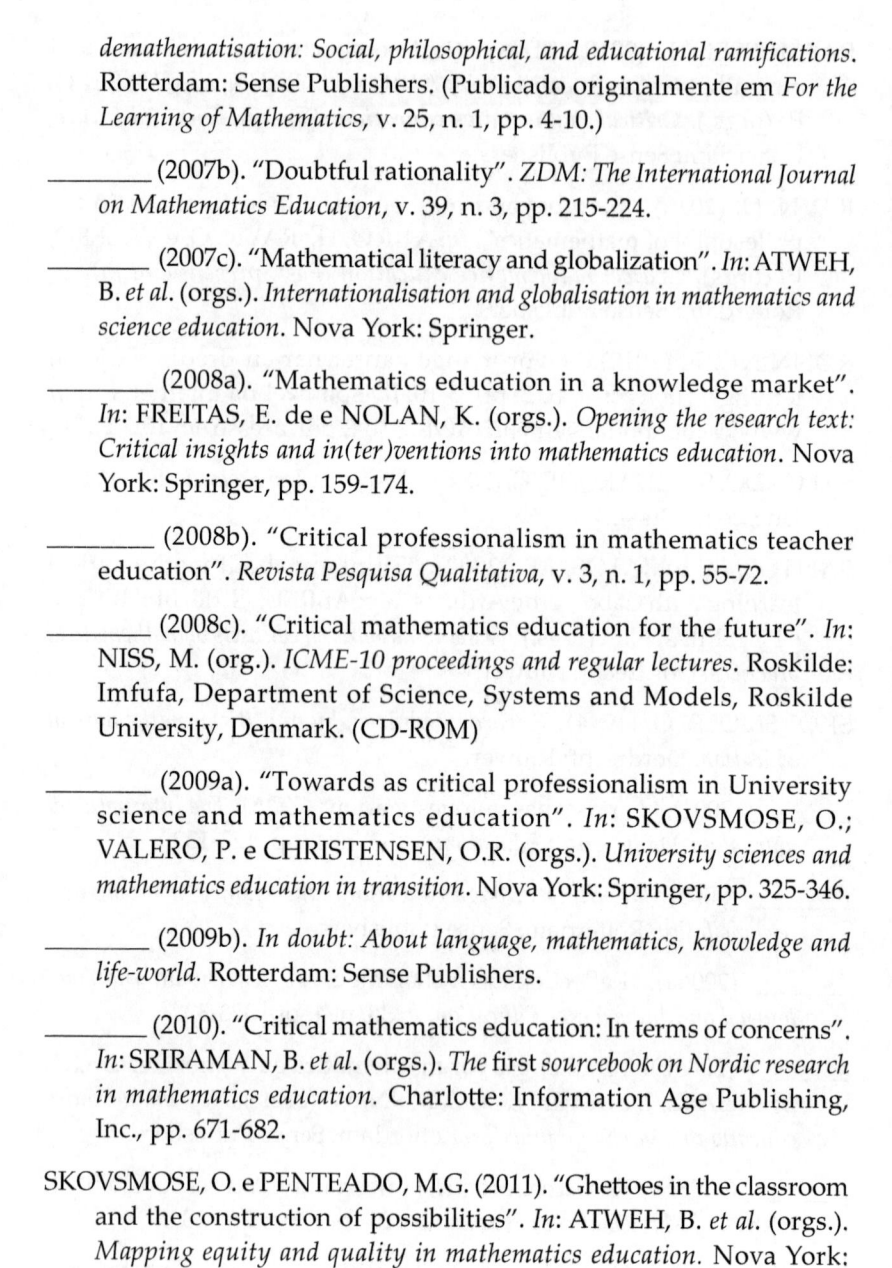

_____ (2007b). "Doubtful rationality". *ZDM: The International Journal on Mathematics Education*, v. 39, n. 3, pp. 215-224.

_____ (2007c). "Mathematical literacy and globalization". *In*: ATWEH, B. *et al.* (orgs.). *Internationalisation and globalisation in mathematics and science education.* Nova York: Springer.

_____ (2008a). "Mathematics education in a knowledge market". *In*: FREITAS, E. de e NOLAN, K. (orgs.). *Opening the research text: Critical insights and in(ter)ventions into mathematics education.* Nova York: Springer, pp. 159-174.

_____ (2008b). "Critical professionalism in mathematics teacher education". *Revista Pesquisa Qualitativa*, v. 3, n. 1, pp. 55-72.

_____ (2008c). "Critical mathematics education for the future". *In*: NISS, M. (org.). *ICME-10 proceedings and regular lectures.* Roskilde: Imfufa, Department of Science, Systems and Models, Roskilde University, Denmark. (CD-ROM)

_____ (2009a). "Towards as critical professionalism in University science and mathematics education". *In*: SKOVSMOSE, O.; VALERO, P. e CHRISTENSEN, O.R. (orgs.). *University sciences and mathematics education in transition.* Nova York: Springer, pp. 325-346.

_____ (2009b). *In doubt: About language, mathematics, knowledge and life-world.* Rotterdam: Sense Publishers.

_____ (2010). "Critical mathematics education: In terms of concerns". *In*: SRIRAMAN, B. *et al.* (orgs.). *The* first *sourcebook on Nordic research in mathematics education.* Charlotte: Information Age Publishing, Inc., pp. 671-682.

SKOVSMOSE, O. e PENTEADO, M.G. (2011). "Ghettoes in the classroom and the construction of possibilities". *In*: ATWEH, B. *et al.* (orgs.). *Mapping equity and quality in mathematics education.* Nova York: Springer.

SKOVSMOSE, O. e VALERO, P. (2008). "Democratic access to powerful mathematical ideas". *In*: ENGLISH, L. (org.). *Handbook of international research in mathematics education*. 2ª ed. Nova York/Londres: Routledge, pp. 415-438.

SKOVSMOSE, O.; ALRØ, H. e VALERO, P. em colaboração com SILVÉRIO, A.P. e SCANDIUZZI, P.P. (2008). "Before you divide you have to add: Inter-viewing Indian students' foregrounds". *In*: SRIRAMAN, B. (org.). *International perspectives on social justice in mathematics education*. Charlotte: Information Age Publishing, Inc., pp. 209-230. (The Montana Mathematics Enthusiast, Monograph 1.)

SKOVSMOSE, O.; VALERO, P. e RAVN CHRISTENSEN, O. (orgs.). (2009). *University sciences and mathematics education in transition*. Nova York: Springer.

SKOVSMOSE, O. et al. (2008). "Learning mathematics in a Borderland position: Students' foregrounds and intentionality in a Brazilian Favela". *Journal of Urban Mathematics Education*, v. 1, n. 1, pp. 35-59.

SRIRAMAN, B. (org.) (2008). *International perspectives on social justice in mathematics education*. Charlotte: Information Age Publishing, Inc. (The Montana Mathematics Enthusiast, Monograph 1.)

UNESCO (2000). Education for all: Statistical assessment 2000. Paris. [Disponível na internet: http://unesdoc.unesco.org/images/0012/001204/120472e.pdf, acesso em 24/5/2014.]

VALERO, P. (2002). "Reform, democracy, and mathematics education: Towards a socio-political frame for understanding change in the organization of secondary school mathematics". Tese de doutorado. Copenhagen: Department of Curriculum Research, The Danish University of Education.

_____ (2004). "Postmodernism as an attitude of critique to dominant mathematics education research". *In*: WALSHAW, M. (org.). *Mathematics education within the postmodern*. Greenwich: Information Age Publishing, pp. 35-54.

_____ (2007). "In between the global and the local: The politics of mathematics education reform in a globalized society". *In*: ATWEH,

B. *et al.* (orgs.). *Internationalisation and globalisation in mathematics and science education*. Nova York: Springer, pp. 421-439.

_____ (2009). "What has power to do with mathematics education?". *In*: ERNEST, P.; GREER, B. e SRIRAMAN, B. (orgs.). *Critical issues in mathematics education*. Charlotte: Information Age Publishing, pp. 237-254.

VALERO, P. e STENTOFT, D. (2010). "The 'post' move of critical mathematics education". *In*: ALRØ, H.; RAVN, O. e VALERO, P. (orgs.). *Critical mathematics education: Past, present and future*. Rotterdam: Sense Publishers, pp. 183-195.

VALERO, P. e ZEVENBERGEN, R. (orgs.) (2004). *Researching the socio-political dimensions of mathematics education: Issues of power in theory and methodology*. Dordrecht: Kluwer.

VITHAL, R. (2007). "The 'Uncivilised' scientist". *In*: GELLERT, U. e JABLONKA E. (orgs.). *Mathematisation and demathematisation: Social, philosophical, and educational ramifications*. Rotterdam: Sense Publishers, pp. 95-105.

_____ (2009). "Researching, and learning mathematics at the margin: From 'Shelter' to school". *In*: ERNEST, P.; GREER, B. e SRIRAMAN, B. (orgs.). *Critical issues in mathematics education*. Charlotte: Information Age Publishing, pp. 475-484.

_____ (2010). "Democratising mathematics education doctoral research teaching and learning: Undoing the North-South divide". *In*: ALRØ, H.; RAVN, O. e VALERO, P. (orgs.). *Critical mathematics education: Past, present and future*. Rotterdam: Sense Publishers, pp. 197-207.

VITHAL, R. e VALERO, P. (2003). "Researching mathematics education in situations of social and political conflict". *In*: BISHOP, A.J. *et al.* (orgs.). *Second international handbook of mathematics education*. Dordrecht: Kluwer, pp. 545-591.

WHITEHEAD, A.N. e RUSSELL, B. (1910-1913). *Principia mathematica I-III*. Cambridge: Cambridge University Press.

WITTGENSTEIN, L. (1958). *Philosophical investigations*. 2ª ed. Trad. de G.E.M. Anscombe. Oxford: Blackwell. (Edição original de 1953.)

YASUKAWA, K. (2010). "Educating critical mathematics educators: Challenges for teacher educators". *In*: ALRØ, H.; RAVN, O. e VALERO, P. (orgs.). *Critical mathematics education: Past, present and future*. Rotterdam: Sense Publishers, pp. 209-224.

ÍNDICE ONOMÁSTICO

A
Abreu, G. 107
Adorno, T.W. 20, 119
Allan, D.S. 11 n. 1
Appelbaum, P. 11 n. 1
Alrø, H. 11 n. 1, 28 n. 3, 34 n. 2, 40 n. 9, 43 n. 14, 45 n. 1, 54 n. 3, 93 n. 1, 99 n. 3, 101
Atweh, B. 109
Austin, J.L. 80

B
Baber, S.A. 81 n. 3
Bacon, F. 69, 78
Beard, C.A. 70 n. 1
Benigni, R. 15
Benjamin, W. 119
Beth, E.W. 75
Biotto Filho, D. 56 n. 4, 63, 97, 97 n. 2
Blomhøj, M. 93 n. 1

Bocasante, D.M. 119 n. 2
Bødtkjer, H. 20, 93 n. 1, 94
Bourbaki, N. 41, 74
Brentano, F. 37, 38
Buarque, C. 27

C
Christensen, O.R. 18 n. 2, 81 n. 3, 113 n. 11
Chronaki, A. 106 n. 4
Civil, M. 101 n. 5
Copérnico, N. 66
Curry, H.B. 72, 73 n. 4

D
D'Ambrosio, U. 30
Descartes, R. 67, 117, 118

E
Ernest, P. 11 n. 1, 105 n. 2, 119 n. 2

F
Foucault, M. 18, 79-80, 119
Frege, G. 41 n. 10
Freire, P. 20, 106

G
Galilei, G. 66-67
Gates, P. 20 n. 3
Gerdes, P. 108
Gödel, K. 73 n. 3
Gorgorió, N. 109 n. 7
Greer, B. 11 n. 1, 110 n. 10
Gutstein, E. 106 n. 4

H
Hilbert, D. 72-73
Horkheimer, M. 119
Husserl, E. 35, 38

J
Jablonka, E. 81 n. 3, 106 n. 4
Johnsen-Høines, M. 101 n. 5

K
Kant, I. 79, 117, 118
Kepler, J. 66
Khuzwayo, H. 39 n. 8
Knijnik, G. 109 n. 9, 119 n. 2

L
Lindenskov, L. 34 n. 2

M
Matos, J.F. 107
Mesquita, M. 107
Mora, D. 11 n. 1
Mukhopadhyay, S. 11 n. 1

N
Nelson-Barber, S. 11 n. 1
Newton, I. 67-68

P
Pais, A. 119 n. 2
Penteado, M.G. 42 n. 12, 43-44, 63, 107 n. 6
Piaget, J. 75-76
Planas, N. 101 n. 5, 109 n. 7
Powell, A.B. 11 n. 1
Ptolomeu 66

R
Rasmussen, P. 117 n. 1
Ravn, O. 11 n. 1, 81 n. 3
Rønning, F. 52 n. 2
Russell, B. 70-71

S
Salgado, S. 27
Santos, M. 107
Sapir, E. 79
Scandiuzzi, P.P. 43 n. 14
Silvério, A.P. 43 n. 14
Skånstrøm, M. 45 n. *, 93 n. 1
Sriraman, B. 11 n. 1
Stentoft, D. 18 n. 2, 119 n. 2
Stone, M.H. 74

V
Valero, P. 11 n. 1, 18 n. 2, 29 n. 4, 29 n. 5, 34 n. 2, 40 n. 9, 43 n. 14, 79 n. 1, 113 n. 11, 119 n. 2
Vithal, R. 29 n. 5, 34 n. 1, 43 n. 13

W
Whitehead, A.N. 70-71
Whorf, B.L. 79
Wittgenstein, L. 13, 80

Y
Yasukawa, K. 63 n. 8, 81 n. 3

Z
Zevenbergen, R. 29 n. 5

ÍNDICE REMISSIVO

A
abstração reflexiva 75
aprendizagem como ação 38, 48
ato de fala
  conteúdo locutório 80
  efeito perlocutório 80
  força ilocutória 80

B
background 35-36, 38, 40-44, 58, 108, 109, 116

C
cenários para investigação 12, 45-64, 98, 101, 116
concepção crítica de matemática 12, 65, 77-89, 114, 116
concepção moderna de matemática 65-79
condição, diversidade de 11, 27-31, 115-116
consciência 37-38
conscientização 20

consistência matemática 72
conteúdo locutório 80

D
dicotomia de maravilhas e horrores 88
dissolução da responsabilidade 81, 87, 96
diversidade de condições 11, 27-31, 115-116

E
educação matemática moderna 40-41, 74-76, 93
efeito perlocutório 80
embaixador da matemática 75, 116
ensino de matemática tradicional 15-19, 45, 61, 62, 111
epistemologia genética 75-76
estruturas lógicas da matemática 41, 74
etnomatemática 29, 30, 40, 42, 96, 107-108
exemplaridade 23 n. 6
existência matemática 72

F
força ilocutória 80
foreground 11, 33-44, 108, 116
foreground dos estudantes 11-12, 33-44, 108, 116
formalismo 14, 72 n. 3, 73
formatação da realidade 79-80

G
geometria euclidiana 72
globalização 30-31, 103, 104
guetização 30-31, 103, 107

I
imaginação tecnológica 81-83, 85, 96
incerteza 12, 115-120
indefinição 12, 13-25, 115

intencionalidade 11, 37-40, 42, 43, 44, 46, 48, 60
interação entre conhecimento e poder 79

J
jogos de linguagem 14
justificação 81, 84-85, 96, 120

L
legitimação 81, 84-85
logicismo 14, 71 n. 2

M
matemacia 12, 103-114, 117
matemática e ciências naturais 66-68
matemática e pureza 70-73
matemática e tecnologia 68-70
matemática em ação
    dissolução da responsabilidade 81, 87, 96
    imaginação tecnológica 81-83, 85, 96
    legitimação ou justificação 81, 84-85, 96
    raciocínio hipotético 81, 83-84, 96
    realização 81, 86-87
matemática, discursos e poder 79-80
milieus de ensino e aprendizagem 63-64, 116
Modernidade 65, 68, 70, 79, 117, 119
Movimento da Matemática Moderna 41
Movimento dos Sem Terra 109
Mündigkeit 20
mundo-vida 9-12, 35, 36, 86, 106

O
obediência a ordens 18-19, 25, 61, 105, 111
organização axiomática da matemática 71

P
paradigma euclidiano 71

pesquisas sobre *foregrounds* 40, 43
pitagórico 66
poder 19, 79-80
Pós-Modernidade 65
possibilidades educacionais 12, 45, 116
potencialização (*empowerment*) 19-20, 23, 24, 109
práticas
    práticas de construção 106, 112-114
    práticas de consumo 107, 110-111
    práticas de operação 106, 111-112
    práticas dos marginalizados 107-110
preocupações 9-12, 78, 93, 112, 115-117, 120
projeto Aprendendo para a Diversidade 40, 43
projeto Caixas de Caramelo 99-100, 101
projeto Energia 20, 23, 24, 56, 98, 100-101
projeto Planejamento Urbano 56, 59 n. 6, 97-98

R
raciocínio hipotético 81, 83-84, 96
racionalidade crítica 78
racionalidade indefinida 78
racionalidade matemática 75-78, 89, 96, 114, 116
razões entre produção e consumo 21-23, 56
realização 81, 86-87
referência à vida real 56, 57
reflexão 88-89, 91-101
resolução de problemas 60
Revolução Científica 19, 65-68, 77
revolução copernicana 69

S
sala de aula simplista 28
semirrealidade 54-57, 61, 100
sentido em educação matemática 40-44, 45, 116
sociedade de risco 78, 84

T
tecnonatureza 78, 86, 89
tradição de exercícios 55, 60

V
verdade matemática 70-73
visão mecanicista do mundo 37, 38, 67

Z
zona de conforto 12, 63-64, 116
zona de possibilidades 12, 63-64, 116
zonas de risco 12, 63-64, 116